KB028854

사장님도
모르는

회사의
숨은
돈

사장님도 모르는 회사의 숨은 돈

초판 1쇄 인쇄 2021년 4월 23일
초판 1쇄 발행 2021년 5월 3일

지은이 송현채

발행인 백유미 조영석

발행처 (주)라온아시아
주소 서울특별시 서초구 효령로 34길 4, 프린스효령빌딩 5F

등록 2016년 7월 5일 제 2016-000141호
전화 070-7600-8230   **팩스** 070-4754-2473

값 16,000원
ISBN 979-11-91283-37-2 (13320)

라온북은 독자 여러분의 소중한 원고를 기다리고 있습니다. (raonbook@raonasia.co.kr)

사장님도
모르는

회사의
숨은
돈

송현채 지음

RAON
BOOK

나도 대한민국 중소기업의 CEO입니다!

아버지는 사업 아이디어가 넘치는 분이었다

오랜만에 KTX에 올라탔다. 며칠 전 만난 화성에 있는 특장차 제조업 사장님이 동종 업계 사장님 한 분을 소개해주며 경남 진영으로 급히 내려가 좀 도와달라고 해서 바쁜 일정을 조정해 내려가는 길이다. 전국의 중소기업을 방문해야 하기에 늘 자동차로 이동하는데 이번에는 일정 문제로 오랜만에 기차 여행을 하게 되었다. 모두들 마스크를 끼고 혹시나 하는 마음에 잔뜩 움츠려 있는데, 이에는 무관심한 듯 창밖으로 스쳐 지나는 풍경은 평화로워 보인다.

아버지는 평생 크고 작은 사업을 하셨다. 진주 정촌면 예상리 시골에서 6남매의 장남으로 태어나 일찌감치 부산에서 자리를 잡고 일하셨다. 전국의 많은 사장님을 상대로 컨설팅을 하는 지금의 내 입장에서 돌이켜보면 아버지는 재주도 많고 아이디어도 많고, 좋은 말솜씨에, 사람을 끄는 매력이 있었던 것 같다. 그렇지만 초등학교 2학년 때 이후로 아버지가 하시는 사업이 여러 가지 이유로 기울기 시작했다. 그 후로도 오랜 기간 많은 노력을 했지만 한번 기울어진 사업은 가족의 바람과는 달리 회복하지 못했다. 그래서 우리 집은 살아오는 내내 가난했다.

아버지는 화장품 사업도 크게 하셨고, 음료수 프랜차이즈도 하셨다. 그리고 요즘은 누구에게나 친숙한 일회용 도시락 사업도 하셨다. 지금도 어린 시절 기억이 생생히 떠오른다. 해운대에 있던 공장에서 층층이 쌓아올린 찜통으로 밥을 하고 일회용 도시락을 만들던 그 작업 현장이……

아버지는 사업하기 바빠 직원들이 회삿돈을 유용하는 줄도 몰랐고, 사람들을 너무 믿고 맡겨서 회사가 부실해지는 줄도 몰랐다. 사업자금을 구해오라고 어머니를 힘들게 하셨고, 대금결제를 해주지 않는 거래처 사장을 만나러 서울에 올라가서서는 몇 개월 동안 내려오지 못해서 가족들은 매일 불안과 걱정 속에서 살았다.

지금 했었다면 성공했을 사업 아이디어인데도 시대를 너무 앞서가는 바람에 실패를 하기도 하셨다. 컨설팅 업무를 하다 보니 알게 되었다. 당시 아버지는 사업 전략도 세우지 않고, 인사관리와 내부 관리도 제대로 하지 않는 등 주먹구구식으로 그냥 본인만의 감으로 사업을 했던 것 같다. 경험과 전문지식을 갖춘 누군가가 곁에서 조언을 해주었다면 분명 달라졌을 것이다.

지금은 시골에 내려가서서 편히 소일거리 삼아 농사를 짓고, 닭도 키우고 계시지만 가끔 아버지를 생각하면 한 번뿐인 인생에 아쉬움이 얼마나 크실까 하는 안타까움이 있다.

고마운 인연을 이어갈 수 있도록

중소기업 CEO들이 평생을 바쳐 이룬 사업이 실패로 끝맺지 않고 계속 기업으로 성장할 수 있도록 도와드리고 싶다. 또한 중소기업 CEO들이 자랑스러운 마음으로 자신의 인생을 완성할 수 있도록 보탬이 되고 싶다. 그래서 많은 중소기업 사장님들의 얼굴에 잔뜩 패인 주름이 환한 웃음으로 아름답게 빛날 수 있으면 좋겠다.

개인적으로 부족함이 많지만 힘든 상황 속에서도 함께 머리를 맞대고 고민하고 노력하면 분명히 지금보다 더 나은 방법을 찾을 수 있을 것이다. 적어도 외로운 CEO로 남지 않도록 믿음과 신뢰를 드리고 싶다. 고마운 인연으로 오랫동안 함께할 것을 감히 약속드린다.

이 책은 총 4개의 장으로 구성되어 있다. 1장에서는 오늘도 편하게 발 뻗고 잠을 청할 수도 없는 중소기업 CEO의 현실에 대한 내용을 담았고, 2장에서는 갈수록 힘들어지는 외부환경 속에서 최고의 비용을 줄이는 방법인 절세의 방법에 대해서 설명하였다. 3장에서는 평소에는 바쁘거나 당장 급하지 않다는 이유로 그냥 넘기고 있지만 실제로는 사업에 엄청난 위험이 되는 숨어 있는 리스크의 관리에 대해서 설명하였고, 마지막 4장에서는 앞에서 설명한 내용을 바탕으로 중소기업에 실질적인 도움을 드렸던 실전 사례를 몇 가지 담았다.

알고 있으면 어려운 일이 아닐 수 있는데 '막연한 두려움' 때문에 중소기업 CEO들은 항상 근심 걱정을 안고 살아간다. 누구보다 중소기업 CEO들의 고충을 잘 알기에 CEO들이 읽고 실제로 도움을 받을 수 있는 핵심 내용을 담았다. 그리고 누구나 쉽게 이해할 수 있도록 쓰려고 노력하였다.

이 책을 늘 곁에 두고 편하게 읽다 보면 막연한 두려움이 점점 사라지고, 자신감을 가지고 회사의 경영에 매진할 수 있을 것이다. 오늘도 직원과 회사를 위해 치열하게 살아가는 많은 CEO에게 이 책을 바친다.

송현채

차 례

1장
중소기업에도 CFO가 필요하다

2장
비용을 줄이는 절세 플랜 세우기

3장

놓치면 크게 당하는 히든 리스크 관리

4장

손실을 이익으로 바꿔주는 실전 솔루션

1장

중소기업에도
CFO가 필요하다

하루라도 마음 편히
발 뻗고 잘 수 있다면

중소기업 CEO는 외로운 사람이다

어제 춘천을 다녀오는 길에 천둥 번개에 비가 억수같이 쏟아지더니 오늘은 금세 겨울이 되기라도 한 듯 날씨가 쌀쌀해졌다. 이제 곧 겨울이 시작되려나 보다. 오전에 서울 송파구에 있는 어느 중소기업에서 2시간가량 미팅을 하고 나왔다. 수년 전에 주식이동 등의 작업을 해주었던 회사인데 지난주에 오랜만에 한번 들러달라고 전화가 왔었다. 늘 사장님께서 건강이 좋질 않아서 걱정이 되던 회사였고, 그 당시 학교를 갓 졸업한 따님이 회사일을 배우겠다며 막 출근하기 시작했던 곳이다.

오랜만에 반갑게 인사하며 만나 뵈니 다행히 건강하고 활기차 보이셨다. 찾아뵙기 전에 이 회사의 재무제표와 여러 보고서를 살펴보았는데, 이 어려운 시절에도 놀라운 성장과 성공을 거두고 있었다. 사장님의 표정과 눈빛에 자신감이 넘쳐보였다.

사장님은 이익이 너무 많이 나서 세금에 대한 부담이 너무 커서 절세에 대한 컨설팅이 필요하다고 말씀하셨다. 매일같이 컨설팅을 해주겠다고 많이들 찾아오지만, 어떻게 그런 사람들을 믿고 자기 살림살이나 속마음을 보여줄 수가 있느냐며 뜨내기 같은 사람들을 믿지 못하겠다고 하셨다. 대신 몇 년째 계속 이메일로 안부 편지와 함께 여러 가지 공부하라고 지식과 정보도 보내주고, 매주 문자로 한결같이 소식을 전해오는 내게는 믿음이 가고 항상 고맙게 생각한다고 하셨다. 마음속에 가지고 있는 고민과 생각을 전해주시며 또 잘 부탁한다고 말씀하셨다.

벌써 출근한 지 6년째라는 따님도 반갑게 아는 체를 하며 매번 정성을 담아 보내주시는 이메일 잘 읽고 있다며 고맙다고 얘기해준다. 날씨는 쌀쌀해 옷깃을 여미게 하지만 마음은 훈훈해진다. 사장님들의 이런 마음이 전해질 때 나는 최고로 기분이 좋다.

당신은 21세기를 살고 있는 중소기업 CEO인가

매년 반복되는 일이지만 연말이 가까이 오니 또다시 내년 사업의 방향에 대해서 고민이 많아진다. 시장상황과 외부환경은 날이 갈수록 사업을 어렵게 만들고 있다. 더 이상 줄일 수 있는 비용은 남아 있질 않고 경쟁은 날이 갈수록 심해지고 있는데, 어떤 노력을 하면 사업을 좀 더 고도화하고 세련되고 전문성을 더할 수 있을까 하는 게 늘 내 머릿속에 있는 고민이다.

얼마 전 오랜만에 안성의 한 제조업체를 방문했다. 사장님은 30년 넘게 사업을 하신 일흔이 넘은 분이셨다. 과거 매출액이 100억 원 가까이 되었는데 현재는 30억 원가량의 매출액에 당기순이익이 연간 몇백만 원 수준에 머물고 있는 상태였다. 올해는 급기야 사모님 명의의 아파트를 담보로 대출을 받아 겨우 사업을 연명하고 있는 상태였다.

한 시간여 동안 여러 가지 힘들어하는 말씀을 듣는 동안, 진즉에 나를 만났다면 급변하는 경제 환경 속에서 뭔가 숨을 쉴 수 있는 방법을 만들어드리고 계속기업으로서의 기회를 찾아드릴 수 있었을 텐데 하는 큰 아쉬움과 함께 너무 세상 탓, 나라 탓, 정치 탓만 하며 스스로를 죽여가고 있었구나 하는 생각이 들었다.

매년 반복적으로 9월이 넘어가면 전국에 계신 500여 명이 넘는 중소기업 사장님들에게 이메일로 몇 차례에 걸쳐 세법 개정안과 아무리 바빠도 연말 결산 시에 꼭 해야 할 것들, '이것만은 꼭 공부하세요' 하는 내용들을 바쁜 일정 속에서도 일부러 시간을 만들어 보내고 있다. 나도 똑같이 어려운 사업 환경 속에서 회사를 경영하고 있는 대한민국 중소기업 CEO의 한 사람으로서 사장님들의 심정과 고민을 잘 알기에, 발생할 수 있는 리스크를 덜어 조금이라도 도와드리고 싶은 마음에 계속 하고 있다.

사장님들의 시야는 한 치 앞에 머물 때가 많다

우리나라에는 수만 개의 크고 작은 중소기업이 있다. 그들의 피와 땀의 결과로 작게는 우리 가족이, 크게는 국가경제가 돌아간다. 그런데 대부분의 중소기업은 아직도 소상공인의 형태고 주먹구구식으로 사업을 하고 있는 게 사실이다. 제품과 상품도 개발단계에서부터 시작해서 시제품을 만들고 여러 과정을 거쳐 하나의 완성품이 시장에 나오듯이 기업도 마찬가지다. 창업부터 시작해서 성장, 성숙, 가업승계(정리) 과정을 거치고, 각 단계마다 기업은 여러 과정을 수행하며 성장과 변화를 하게 된다.

세상에는 조달청, 입찰, 대기업 거래, 사업자금 조달 등의 필요에 의해서 기업신용등급에 목숨을 거는 회사들이 제법 많다. 이런 회사는 다음해에 받을 신용등급을 위해 올해 결산에 또 목숨을 걸어야 한다. 중소기업들에 매해 11월과 12월은 1년 사업기간 중 가장 중요한 시기다.

그런데 대부분의 중소기업은 이런 내용을 모른다. 여전히 개발도상국 시절에 했듯이 만들고, 팔고, 수금하고 이런 것에만 관심이 많다. 우리가 어떤 업체와 새로이 거래를 시작하게 되면 그 상대 회사가 어떤 내용을 가진 회사인지, 어떤 부실이 숨어있는지, 과연 거래를 해도 위험하지 않을지 등을 판단해야 한다.

매번 참고로 하는 재무제표라는 놈은 전년 말 기준의 회사 자료인데 연말이 다가오면 거의 1년이 지난 시점인데 지난 1년 기간 동안 어떠한 생각지도 못했던 변화나 부실이 생겼을지 알 수가 없다. 우리네 사장님들의 시야는 늘 한치 앞만 내다보고 매일을 살고 있기에 설마 하는 마음으로, 아무런 나쁜 일이 없겠지 하는 마음으로 오늘도 사업을 하고 있다.

CEO야말로 CFO가 필요하다

나는 아이 셋을 키우고 있는 가장이다. 큰아들은 군 제대 후 현재 대학교 3학년에 재학 중이다. 벤처니 창업이니 모두가 주위에서 그런 말들을 하고 있지만 그래도 나는 내 아들이 그냥 대기업에 들어갔으면 좋겠다. 왜 그럴까? 당연한 일이다. 직장생활이나 사업을 20년 이상 해보니 먹고사는 게 너무 힘이 든다. 대기업에 들어가면 회사가 망하거나 직원들 월급이 안 나오거나, 회사에서 짤리거나 이런 걱정은 적어도 안 해도 된다. 특별히 사치를 부리거나 방만하게 살지 않고 맞벌이도 하며 열심히 살면 그냥 살아갈 수 있다는 믿음이 있기 때문이다.

이번 달은 어떻게 또 버텨야 하나? 이번 달 직원들 월급은 제때 줄 수 있으려나? 매출이 작년보다 좀 줄었는데 대출상환하라고 전화라도 오지 않을까? 중소기업이라 사람 뽑기도 쉽지 않은데 몇 명 되지도 않는 직원이 갑자기 그만둔다고 하지는 않을까? 이번 달은 애먹이지 않고 대금결제가 잘 되어야 할 텐데……. 단 하루라도 마음 편히 발 뻗고 잘 수 있는 대한민국 CEO가 과연 몇 명이나 될까?

외부 환경 변화는 우리가 마음대로 할 수가 없다. 그러나 내부적으로는 미리 챙기고 대비하고 관리하면 줄일 수 있는 리스크가 아주 많이 있다. 바로 이 일을 CFO가 도와줄 수 있다.

나 또한 CFO로서 그간의 경험에서 터득한 노하우로 사장님들이 어려움에 빠지지 않도록 돕고 있다. 예비신용평가를 통해서 회사의 취약점을 파악하고 내년도 신용평가등급을 올리거나 거래하고 있는 업체에 어떤 위험한 조짐이 있는지, 변화 가능한 부분은 무엇인지 미리 알려준다. 또한 전년도에는 괜찮던 거래업체가 이번 해 부실이 발생했을 경우 해당 거래업체가 부실을 전염시킬지 여부를 판단해 거래 지속 여부를 걸러줄 수도 있다.

가끔 공장이나 물류창고 등을 매입할 경우 사전에 입지 조건, 인허가, 형질변경 등을 제대로 알아보지 않고 진행했다가 큰 낭패를 보는 사장님들을 만나는데, 이런 부분도 발생하지 않도록 사전 의사 결정하는 데 도움을 주는 것도 충분히 가능하다.

당신은 가난한 사람인가

사장에게는 평생 숙명적으로 지고 가야 하는 무거운 짐이 있다. 바로 사랑하는 가족들과 회사를 위해 나를 믿고 열심히 일하는 직원과 그 가족들에 대한 책임이다. 한시라도 허투루 할 수도 없고, 그냥 하다가는 사업이 망해 인생이 끝나게 된다. 이제는 기업의 체질과 경쟁력도 바꾸고 개선하지 않으면 계속기업으로서 생명은 오래가지 않는 세상이 되어버렸다.

오늘 당장은 힘들고 밤잠을 못 이루고 있지만 내일은, 앞으로는 편히 발 뻗고 잘 수 있는 그런 회사를 만들어야 한다. 겉으로는 화려해 보여도 실제로는 세상에서 가장 고독하고 외로운 자리에 있는 CEO에게 믿고 속을 터놓을 수 있는 사람, CEO의 고민을 자기 일인 것처럼 머리 싸매고 같이 고민해줄 사람, 기업경영에 대해 전체적인 시각과 다양한 경험을 갖춘 전문가. 내가 같은 CEO로서 CFO일을 하기로 마음먹은 이유가 여기에 있다.

알리바바의 마윈 회장이 했던 유명한 말을 잠시 옮겨본다.

"세상에서 가장 같이 일하기 힘든 사람들은 가난한 사람들이다. 자유를 주면 함정이라 얘기하고 작은 비즈니스를 얘기하면 돈을 별로 못 번다고 얘기하고, 큰 비즈니스를 얘기하면 돈이 없다고 하고, 새로운 것을 시도하자고 하면 경험이 없다고 하고, 전통적인 비즈니스라고 하면 어렵다고 하고, 상점을 같이 운영하자고 하면 자유가 없다고 하고, 새로운 사업을 시작하자고 하면 전문가가 없다고 한다.

그들에게는 공통점이 있다. 구글이나 포털에 물어보기를 좋아하고, 희망이 없는 친구들에게 의견 듣는 것을 좋아하고, 자신들은 대학교 교수보다 더 많은 생각을 하지만 장님보다 더 적은 일을 한다. 그들에게 물어보라. 무엇을 할 수 있는지. 그들은 결코 대답할 수 없다. 내 결론은 이렇다.

당신의 심장이 빨리 뛰는 대신 행동을 더 빨리 하고, 그것에 대해서 생각해 보는 대신 무언가를 그냥 하라. 가난한 사람들은 공통적인 하나의 행동 때문에 실패한다. 그들의 인생은 기다리다가 끝이 난다. 그렇다면 현재 자신에게 물어봐라. 당신은 가난한 사람인가?"

마윈 회장의 물음처럼 혹시나 CEO인 내가 주저하고, 도망가고, 결단하고 실행하지 않기에 내 사업이 힘든 게 아닌지 늘 마음에 되새기고 자문해보길 바란다. 하루라도 마음 편히 두 발 뻗고 잘 수 있는 그 날이 어서 오길 바란다.

잘나가는 기업과
그렇지 않은 기업의 차이

창업 기업 생존률 10%

세상이 바뀌었다. 그것도 확 바뀌었다. 지인의 소개로 업체를 소개받아 소개비를 주고, 리베이트를 주고, 단가를 깎아주고 그렇게 갑질하는 기업들의 눈치를 봐가며 사업하던 그런 시절이 더 이상 아니다. 방송이나 신문에서 언제부터인가 4차 산업혁명이니 AI 혁명이니 하는 말이 나오는데, 그게 이렇게나 갑자기 우리 곁에 성큼 다가올 거란 생각을 하지 못하고 살았다. 적어도 10여 년 이상 준비하고 대비할 수 있는 시간과 기회가 있겠지 막연히 위안을 삼고 있었는데 난데없이 코로나19 사태로 세상의 모든 영역에서 급격한 변화를 맞이하게 되었다.

곳곳에서 우리나라 경제가 IMF 외환위기 이래 가장 힘든 상황이라고 말들을 한다. 이런 가운데 우리나라는 매달 6천여 개, 1년에 8만 개가량의 새로운 회사가 창업을 한다. 그런데 이 중에 10% 정도만 1년 이상 생존하고 나머지는 1년 내에 문을 닫는다.

창업 기업 중에는 직장에서 퇴직금을 받아 차린 치킨집도 있고, 조그만 식당도 있고 큰 기업도 있다. 거리 곳곳에 비어 있는 상가와 임대 현수막이 걸린 건물들을 보면 가슴이 먹먹해져 온다. 큰일이다. 정말 어떻게 다들 먹고살아야 할지…….

당신은 얼마나 준비하고 있는가

가족의 생계와 미래를 책임지고 인생에서 마지막 선택이란 절박한 심정으로 시작하는 게 사업이란 것인데, 사장님들은 과연 창업에 앞서 얼마나 사업을 준비할까? 시장조사나 경쟁력 있는 아이템 준비, 해당 업종에 대한 사전 경험이나 자금조달계획, 마케팅활동, 직원관리 등에 제대로 노력을 기울이고 있을까?

창업에 대한 모범적인 성공 사례로 '무어디자인 어소시에이츠(MooreDesign Associates)'라는 회사를 창업한 패트리샤 무어를 소개하고 싶다. 그는 26세였던 시절 80대 노인으로 변장해 1982년부터 3년간 미국 14개 주의 116개 도시와 캐나다의 2개 지역에 머물면서 노인들의 삶을 직접 체험했다. 그런 경험과 고객의 니즈를 파악한 후 디자인 회사를 창업해 노인들을 위한 커뮤니케이션 디자인, 리서치, 제품 디자인, 환경 디자인, 포장 디자인, 교통·운송 디자인에 특화된 사업을 진행했고 큰 성공을 거두었다.

이처럼 창업을 하기 위해서는 오랜 기간 동안의 시장과 고객에 대한 분석과 경험 등이 바탕이 되어야 하는데 현실은 이런 시간이나 여유를 허락하지 않는다.

50년 넘게 살아오며 대기업 기획실에서 전략수립, 예산편성, 손익분석 등의 업무를 수행했고, 금융권에서도 영업에서부터 시작해서 조직관리와 목표관리 등 크고 작은 다양한 경험을 하였고, 중소기업 컨설팅을 10여 년 이상 해온 내 입장에서 감히 말하건대 사장이란 아무나 하는 것이 아니다. 과거처럼 시장 환경이 좋고, 여러 업종에서 성공하던 물 좋은 시절이 더 이상은 아니기에 지금은 준비가 필요하다. 위에서 소개한 패트리샤 무어만큼은 아니라도 인생을 걸고 하는 사업이기에 그 무게에 걸맞은 준비가 필요하다. 실패 속에서 배우고 그 실패가 성공의 바탕이 된다는 말도 맞지만, 이왕이면 치밀한 준비와 공부로 실패 없이 성공할 수 있도록 그야말로 CEO로서의 준비를 하자. 그래서 큰 위험 없이 순조롭게 사업을 하고 또 성공을 하자. 다시 한 번 말하지만 사장으로서 제대로 된 준비를 하자.

사장은 혼자, 외롭게 책임지는 사람이다

여기서 말하는 준비는 CEO가 가져야 할 마음가짐뿐만 아니라 패트리샤 무어처럼 해당 사업에 대한 여러 노력을 의미한다. 직장을 다니며 급여 생활을 할 때를 회상해보면, 나는 늘 좋은 평가를 받곤 했지만 정말 내 사업처럼 절박한 심정으로 일을 하지는 않았다. 주어진 일을 성실하게 잘해냈지만, 퇴근 시간이 되면 칼퇴근하려고 했던 것 같고, 늘 내가 하는 일에 비해 받는 급여가 적다고 여기곤 했다.

매월 주어진 일만 하면 적든 많든 급여를 받고 살 수 있는 직원과는 달리 사장은 모든 의사결정과 책임을 자신이 져야 한다. 그 과도한 근심, 걱정, 불안과 경쟁을 오롯이 혼자서 온몸으로 부딪혀 이겨내야 하는 게 바로 사장이다. 폼 나게 세상의 모든 이들이 사장이라 불리고 싶어 하지만 사실이 이렇기에 아무나 사장을 할 수는 없다.

그래서 사업을 적지 않은 세월동안 하고 계신 사장님들을 만나보면 다들 건강이 좋지 않다. 매일매일이 이렇건대 어떻게 병하나 없이 건강할 수가 있겠는가? 이렇듯 사장으로서의 몸과 마음, 그리고 시장과 고객에 대한 준비가 되어야 비로소 제대로 사장을 할 수 있다. 현실이 이러한데 과연 당신은 어떠한가?

힘든 시절에도 성공하는 남다른 CEO는 있다

지금은 참 어려운 시절이다. 전국의 많은 중소기업 사장님을 만나 컨설팅을 하는 입장에서 보면 정말 힘든 세상이다. 갈수록 힘들어지는 상황에 코로나19라는 돌발 변수까지 터져 그야말로 죽는 소리가 지천에서 나고 있다. 그렇지만 이런 시국에서도 잘나가는, 성장하는 기업들이 적지 않다. 잘나가는 기업과 그렇지 않은 기업 간의 차이는 과연 무엇일까?

단언컨대 CEO의 차이라 힘주어 말하고 싶다. 회사를 살리는 CEO는 힘든 상황에 늘 대비를 하고 경쟁사와의 차별화, 시장의 요구에 대응하기 위해 조용하지만 적극적으로 노력한다. 남들이 설마하고 안심하고 있을 때, 당장 오늘이 편안하다고 두 발 뻗고 잘 때 그들은 새로운 기술을 개발하고, 시장변화에 맞춰 기업의 체질을 개선하고 과감히 투자한다. 지금 잘나가는 기업들은 그런 용기와 노력의 결과라고 생각한다.

경기도 여주에 있는 자동차 부품업체 사장님을 오랜만에 찾아뵈었다. 현대모비스에 납품을 하는 주요 협력사인데 최근 몇 년간 이익도 많이 줄어들었다. 그러나 회사가 어떠냐는 질문에, 수년간 친환경차가 주력으로 자리 잡아 가고 있는 자동차 시장변화에 발맞추기 위해 그동안 엄청난 투자를 해 몇 년째 적자를 봤지만 곧 가시적인 성과가 나타날 거라고 했다.

2021년 전기차가 엄청나게 판매가 되고 많은 메이저 자동차 회사들이 디젤차 판매를 중단하고 친환경차로의 전환을 하고 있다. 역시나 세상과 시장의 변화를 내다보고 앞서서 투자하고 시장을 선도하는 회사와 남다른 CEO의 위력에 새삼 놀라움을 느끼게 된다.

이 회사는 현재 정말 '초대박'이 나고 있다. 이미 안정된 중견 기업이지만 현실에 안주하지 않고 남들이 주저하고 움츠러드는 사이에 경쟁사와의 격차를 벌리고 시장을 주도하게 됐다. 이런 기업의 CEO는 섣불리 기업을 승계할 생각도 하지 않는다. 더 이상 물러설 곳이 없다는 절박한 심정으로 승부하고 반드시 이겨낸다.

이런 CEO는 얼굴에도 빛이 나고 눈이 살아 있다. 어조는 조용하지만 말에는 힘이 실려 있고 행동에도 자신감이 묻어 있다. 존경할 만한 분들이다. 다시 한 번 말하지만 아무리 힘든 시련이 닥쳐도 남다른 CEO는 반드시 살아남고 성공한다.

어려울 때일수록 사장의 역할과 본분은 빛나는 법이다. 시장과 고객에 대한 분석과 경험을 바탕으로 회사에 맞는 전략을 수립하고 예산을 가늠하며 손익을 분석하는 일, 조직을 관리하고 동일한 목표를 향해 나아가게 하는 등 대한민국 중소기업 사장이야말로 남다른 CEO가 되어야 한다.

중소기업에는
비서실이 없다

혼자서 북 치고 장구 치는 CEO는 위험하다

대한민국에서 사업을 하기란 참 어려운 일이다. 중소기업은 나라를 돌아가게 하는 세수(稅收)의 많은 부분을 차지하는 원천 역할을 하고 있고 수많은 고용 창출을 책임지고 있음에도 불구하고, 사장들에 대한 사회적 시각은 그다지 곱지 않다. 불법과 탈세, 노동력 착취의 주범인 듯 여기는 사람들이 많다. 그러면서도 한편으론 사업을 운영하는 사장들을 부러워한다. 이처럼 사회는 선망과 원망의 이중적인 잣대를 가지고 있는 듯 보인다.

이런 어려움과 더불어 많은 이들은 잘 인식하지 못하지만, 정부의 정책 방향에 따라 제도의 변화와 세법의 개정이 매년 대폭 이루어진다.

　대기업은 경영전략본부, 기획조정실(기조실), 미래전략실(미전실), 전략본부, 비서실 등 다양한 이름으로 CEO의 의사결정을 지원하는 조직과 인력을 갖추고 있다. 이들이 여러 가지 사회적·정책적 변화에 발빠르게 대응하면서 기업과 오너 일가의 지배구조 전략과 가업승계 전략, 이익금 환원 전략, 장기적인 사업방향 전략 등을 지속적이고 체계적으로 관리하고 있다.

　그렇지만 우리나라 중소기업들은 어떠한가? 냉정하게 말해 CEO 혼자서 북 치고 장구 치며 사업을 하고 있는 게 사실이다. 사장 혼자서 기술 개발하고 제품 생산하고 영업하고 수금하고 거래처 관리, 시장 개발, 인사 노무 관리 등 모든 걸 다하고 있다. 이렇게 CEO 혼자의 역량으로 사업이 돌아가는 것도 정말 대단한 일이지만 반대로 생각하면 그만큼 위험이 큰 것이다. 안타깝게도 우리 중소기업 CEO에게는 비서실도 전략기획실도 없다.

단순 회계전문가여서는 안 된다

　회사를 창업해서 경영을 하다 보면 CEO는 많은 고민과 문제에 직면하게 된다. 일반적으로 법무사를 시켜 법인 설립을 하고, 세무사가 사업자등록과 기장을 대행하고 있다. CEO가 주로 가까이 대면할 수 있는 전문가로는 세무사가 있다. 우리나라에서는 특이하게도 세무사의 역할이 기장 대행과 세무 조정, 세금 신고 등의 업무에 주로 국한되어 있다.

회사를 운영하다 보면 각종 현안에 대한 법률 상담과 법인 등기부등본 사항에 대한 관리 차원에서의 법무 전문가가 필요하다. 요즘 특히나 부각되고 있는 각종 노무 현안에 대한 노무 전문가도 필요하다. 세무 전문가의 필요성은 말할 것도 없고, 회사의 필요와 성장에 따라 기업부설연구소를 비롯한 각종 인증을 위한 전문가도 필요하다. 또한 부동산의 매입과 매각, 개발 등에 따른 부동산 전문가, 무엇보다 기업 생존과 성장에 필수 요소인 자금 조달을 위한 전문가도 필요하다.

대기업의 경우라면 인사팀, 자금팀, 회계(경리)팀, 기획팀, 총무팀 등 각 업무에 필요한 전문 조직을 운용하며 현안에 대응하겠지만, 중소기업은 현실적으로 이런 조직을 두거나 전문 인력을 고용할 여력이 없다. 당연히 CEO 혼자서 모든 것을 알아서 해야 한다. 게다가 창업 시 자금이 부족해 동업을 하는 중소기업이 많은데, 이런 회사들 중에는 창업 초기에는 의기투합하여 관계가 좋지만 회사가 성장하고 돈을 벌면 이해관계가 복잡해져 사이가 벌어지는 경우가 많다. CEO 혼자서 이런 문제를 해결하긴 어렵다.

기업의 규모가 크든 작든 회사에는 여러 부문의 역할이 반드시 필요하다. 그런데 우리나라에서 중소기업을 경영하는 CEO들을 보면 대부분 엔지니어 출신이거나 영업 경력을 가지고 있다. 기술적인 부분이나 영업 쪽 업무는 전문가이고 경험도 많지만 다른 부분들은 당연히 고민을 가득 안고 있다. 그리고 누군가에게 그 고민들에 대해 털어놓는 것도 쉬운 일이 아니다.

CEO의 표정 하나하나를 직원들이 일일이 관심을 가지고 바라보고 있다. CEO의 표정이 어두우면 혹시나 회사에 문제가 생기지 않았는지 걱정을 한다. '혹시 이번 달 급여가 나오지 않을지?' '회사가 어려워졌나……. 이직을 해야 하나?' 중소기업의 CEO는 표정 하나조차도 마음대로 짓지 못한다.

살아 있는 생물체와 같은 기업 경영에 있어서의 문제를 해결하기 위해서는 창업부터 기업의 성장과 실패, 승계와 정리에 이르는 각 과정을 관통하는 이해와 경험이 필요하다. CEO들이 편하게 연락할 수 있는 세무사, 아니 정확히 말해서 세무 사무실의 실장이나 직원만으로는 부족하다.

세무, 법무, 노무, 영업, 자금, 특허, 인증 등 여러 분야의 경험과 지식을 갖춘 전문가가 필요하다. 단지 자신의 분야에서만 전문가가 아니라 회사 전반의 문제에 대한 해결책을 제시할 수 있는 사람이 필요하다. 특정 분야의 문제 해결은 무리 없이 잘하지만 가끔은 기업 경영 전체의 성공 흐름에 반하는 경우도 있기 때문이다. 그리고 무엇보다 CEO로서의 고민과 문제에 대해 공감

할 수 있고 대화가 가능한 전문가, 기업 경영에 대한 전체적인 시각과 다양한 분야의 경험과 지식을 갖춘 CFO가 중소기업에는 꼭 필요하다.

변화의 시대, 적응만이 살길이다

전국에 있는 중소기업 사장님들을 만나다 보면 어린 시절 내 아버지와 별반 차이가 없이 사업을 하고 계신다는 생각을 하게 된다. 이 책을 집필하며 문득, 수십 년 전 아버지의 사업 실패에 대한 기억과 그 시절 결핍에 대한 마음 때문에 내가 지금 중소기업 사장님들에게 도움을 드리는 일을 하게 되었는지도 모르겠다는 생각이 들었다.

수년 전부터 고마운 인연을 맺고 있는 평택의 농기계 제조업 사장님께서 한국농기계조합에 가입해 있는 전국에 계신 사장님 10명을 소개해주며 왜 이분들을 도와드려야 하는지, 어떤 고민과 상황에 처해 있는지 일일이 설명해주셨다. 늘 연말 즈음에는 여러 사장님들의 한 해 사업의 성공적인 마무리를 도와드리기 위해 내 스케줄러에는 일정이 빼곡하다. 서울에서, 춘천, 경남 진영, 안양, 부평, 철원 등 한 달 내내 전국 여기저기를 찾아 다닌다.

지금까지 대한민국은 수많은 중소기업 사장님의 피와 땀으로 발전해왔다. 대부분 산업현장에서 먹을 거 못 먹고, 입을 거 못 입어가며 몸으로 몸소 배운 기술을 바탕으로 사업을 시작했고, 대한민국 산업 현장의 주체로서 직원 가족들의 사회적인 가장 노릇과 함께 많은 역할을 해왔다.

그런 우리나라 중소기업이 시대의 흐름과 트렌드의 빠른 변화에 제대로 대응하지 못해 신음을 흘리고 있다. 막연히 괜찮겠지 하며 미루어왔던 변화가 코로나19로 인해 급격한 충격으로 와닿으며 폐업을 하는 업체가 속출하고 있다.

모두가 알다시피 지금은 변화의 시대다. 부동산 정책부터 시작해서 정부의 정책 방향도 아주 혼란스럽게 움직이고 있다. 또한 정부에 대한 국민의 기대는 날이 갈수록 높아지고 있으며, 정부의 필요에 따라 해마다 세법도 많은 개정을 하고 있다.

우리나라에서 중소기업 CEO란 자리는 정부 입장에서는 세금을 걷어야 할 대상이고, 대기업 입장에서는 원가절감을 위해 압박해야 하는 대상이다. 국민의 입장에서 보면 CEO는 가진 자이며, 고용이 큰 화두가 되어 있는 현재 일자리를 줄인다고 욕을 먹는 자리다.

하지만 중소기업은 CEO 혼자서 기술개발·생산·마케팅·영업·자금조달·총무관리·인사관리 등 모든 걸 다 하면서 생존과 관련된 스트레스를 온몸으로 부딪치며 매일을 치열하게 살아가고 있다. 그러다 보니 우리나라에서 중소기업을 경영하는 CEO

대부분 건강이 좋지 않다.

변화하지 않으면 살아남지 못한다. 스트레스가 심하다고, 사업하기 힘들다고 평생을 바쳐 해온 사업을 그만둘 수도 없고, 건강이 좋지 않다고 어느 날 갑자기 사업에서 한 발짝 물러날 수도 없다. 지금까지는 모든 걸 CEO 혼자서 힘이 들어도 해올 수 있었지만 이제는 생각을 바꾸어야 한다. 제조업이 원가절감과 효율을 위해 아웃소싱을 하듯이 사업을 경영함에 있어서도 CEO는 사업 고유의 영역에 집중을 하고 다른 영역은 믿을 수 있는 전문가에게 맡겨야 한다. 사업뿐만 아니라 세상의 모든 프레임이 급속히 전반적인 변화를 하고 있다. 살아남으려면 CEO도 변화해야 한다. 변화의 시대, 적응만이 살 길이다.

2장

비용을 줄이는
절세 플랜 세우기

합법적으로
세금 줄이기

절세가 중요하다

중소기업 CEO의 입장에서는 경제 상황을 포함한 여러 외부
요인에 의한 손실과 어려움은 어쩔 수 없다 치더라도, 내부적으
로 합법적인 관리를 통해 절세를 하는 것은 얼마든지 가능하다.
또한 불황이나 불경기로 어려움을 겪는 시절에는 무조건 해야
하는 필수적인 활동이다.

대부분의 중소기업 CEO는 예전과 달리 의식도 많이 바뀌었
고 경영 전반에 대해 많은 것을 알고 있지만, 여전히 회계 처리
를 대충하거나 거래처와의 관계유지 때문에 비합법적인 계산서
를 주고받는 등의 거래(?)를 하는 분들이 있다. 이런 행동은 잠시

잠깐은 도움이 될 수도 있겠지만 기업의 수명을 줄이는 안타까운 일이다. 제대로 알고 합법적인 회계처리를 하는 것이 내 기업을 장수기업으로 만드는 지름길이다.

나 또한 기업의 CEO이면서 CFO와 경영컨설턴트로 일하고 있으므로 절세와 탈세의 유혹을 누구보다 잘 안다. 중소기업을 경영하는 CEO의 입장에서는 회사가 이익을 많이 남기거나 손실이 발생할수록 과거의 관례와 습관처럼 탈세의 유혹에 빠질 가능성이 높다. 아직도 그런 사장님들을 너무 많이 볼 수 있기 때문이다.

하지만 과거와는 다른 세상이 되었다. 자신의 경험과 주위 사장님의 무책임한 권유와 부탁에 따라 탈세를 했다가는 평생 일구어온 사업체의 운명이 끝이 날 수 있다. 다시 한번 말하지만 절세를 해야 한다. 잘되는 회사는 잘되는 회사이기에 절세해야 하고, 힘든 회사는 다른 비용을 줄일 게 없으니 절세해서 세금이라도 줄여야 한다.

절세, 조세회피, 탈세

모두가 잘 알고 있는 것 같지만 절세와 조세회피, 탈세의 개념에 대해 정확히 모르는 사람이 많다.

절세

세법이 인정하는 범위 내에서 합법적, 합리적으로 세금을 줄이는 행위를 말한다. 절세에 특별한 비결이 있는 것은 아니며, 세법을 정확히, 충분히 이해하고 세법의 테두리 안에서 세금을 줄일 수 있는 가장 유리한 방법을 찾는 것이 최선의 방법이다.

사업과 관련된 세금을 절세하기 위한 방안은 다음 4가지로 정리할 수 있다.

- 증빙자료를 철저히 수집하고 장부 정리를 꼼꼼하게 하여 내지 않아도 될 세금은 최대한 내지 않도록 한다.
- 세법에서 인정하고 있는 각종 소득공제, 세액공제, 준비금, 충당금 등의 조세지원 제도를 충분히 활용한다.
- 세법이 정하고 있는 각종 의무사항을 성실히 이행함으로써 매입세액 불공제나 가산세 등의 불이익 처분을 받지 않도록 한다.
- 세법에서 정하는 종합적인 내용을 정확히 이해하고 장기적인 관점에서 세금을 절약할 수 있도록 한다.

이처럼 세법에서 인정하는 여러 가지 세액공제제도와 여러 지원제도를 활용하며, 세법에서 합법적으로 정해져 있는 내용을 활용하여 절세하는 것이다. 예를 들어 기업부설연구소나 연구전담부서를 설립하여 세액공제를 받아 법인세를 줄일 수 있고, 직원고용에 따른 고용지원금을 받아 회사 살림에 도움을 받을 수도 있다. CEO를 포함한 임원의 소득도 급여 이외에 매년 배당금 지급 등의 소득유형을 구분하여 소득세를 절세할 수도 있다.

사장님들을 현장에서 만나면 우리 회사는 매입 자료가 부족하다고 하시며 자료를 좀 구해야겠다는 이야기를 많이 한다. 매우 위험한 생각이다. 실제로 경기도 군포에 있는 업체에서 수년 전 계산서를 몇 개 거래처 간에 주고받았는데, 몇 단계 건너에 있는 중소기업의 여직원이 국세청에 이런 내용을 신고하는 바람에 줄줄이 추적이 되어 그 회사까지 세무조사를 받고 큰 금액의 세금추징을 당한 것을 목도한 적이 있다.

이런 행동을 하면 안 된다고 말씀을 드려도 평생 사업을 하시며 과거 세무환경이 투명하지 않았던 시절의 경험대로 무모한 계산서 주고받기를 여전히 별 생각 없이 하는 분들이 간혹 있다. 다시 한번 강조하지만 당장 세금 몇 푼 줄이려다 평생 일궈온 업의 종말을 맞을 수도 있다.

조세회피

세법이 예상하는 거래 형식을 따르지 아니하고 우회 행위 등 이상한 거래 형식을 취해서, 통상의 거래 형식을 취한 경우와 동일한 효과를 거두면서 세금 부담을 줄이는 것을 말한다. 조세회피는 사회적으로 도덕적 비난의 대상은 될 수 있으나 세법상 처벌 대상이 되지는 않는다.

과거 「상속세 및 증여세법」이 개정되기 전의 전환사채를 이용하여 사실상 주식을 증여하는 행위 또는 비상장주식을 증여한 후에 상장하여 시세차익을 얻게 하는 행위 등이 조세회피에 해당한다. 절세가 합법적인 조세절약 행위라고 한다면 조세회피 행위는 합법적인 탈세라고 할 수 있을 것이다.

조세포탈(탈세)

고의로 사실을 왜곡하는 등의 불법적인 방법을 동원해서 세금 부담을 줄이려는 행위를 말한다. 탈세의 유형은 여러 가지가 있으나 그중 대표적인 내용으로는 현금매출금액 등 수입금액 누락, 실물 거래가 없는 경우에도 비용을 지출한 것으로 처리하는 가공경비 계상, 실제보다 비용을 부풀려 처리하는 비용의 과대 계상, 허위계약서 작성 등이 있다.

탈세를 하는 경우 어떠한 불이익을 받게 될까

탈세 행위가 국세청에 적발되는 경우 부정과소신고가산세, 납부불성실가산세 등 여러 가지 불이익을 받게 된다. 5,000만 원의 허위계산서를 발행해 세금을 1,000만 원(법인세율 20% 가정) 탈세하는 경우를 가정하여 불이익의 내용을 살펴보면 다음 표와 같다(1년 뒤에 적발되는 경우를 가정, 주민세 제외, 2020년 기준).

| 법인세 1,000만 원 탈세 시 발생하는 세금 |

구분	금액
법인세 부정과소신고가산세(1,000만 원×40%)	4,000,000원
법인세 납부불성실가산세(1,000만 원×3/10,000×365)	1,095,000원
대표자 상여 처분으로 추가되는 소득세(5,000만 원×38%)	19,000,000원
소득세 부정과소신고가산세(1,900만 원×40%)	7,600,000원
소득세 납부불성실가산세(1,900만 원×3/10,000×365 가정)	2,080,500원
대표자 소득 경정으로 추가되는 건강보험료(5,000만 원×6.07%)	3,035,000원
합계	36,810,500원

위에서 보는 바와 같이 1,000만 원을 탈세하는 경우 나중에 부담해야 하는 총액은 본세 1,000만 원 외에 추가로 부담하는 금액만 약 3,700만 원가량이다.

그리고 세법을 위반한 자에 대한 형벌 및 과태료에 대한 사항은 「조세범처벌법」에 규정하고 있는데, 여기서 정하는 조세포탈 (탈세)에 대한 형사처벌은 다음 페이지에 나와 있는 표에서 확인할 수 있다(조세범처벌법 3조 1항).

계산서를 끊어달라는 거래처의 요구를 거절하지 못해서 또 잠시 잠깐 세금을 조금이라도 줄여보려는 유혹을 이기지 못해서

구분	불이익
사기나 그 밖의 부정한 행위로 조세를 포탈한 경우	2년 이하의 징역, 포탈세액의 2배 이하의 벌금
포탈세액 등이 3억 원 이상이고, 그 포탈세액 등이 신고, 납부하여야 할 세액의 30% 이상인 경우	3년 이하의 징역 또는 포탈세액의 3배 이하의 벌금
포탈세액 등이 5억 원 이상인 경우	

또는 지금까지 잘못해왔던 습관적인 행동으로 인해 내 기업을 정말 어려움에 처하게 만들 수도 있다. 제대로 알고 떳떳하게 세무 처리하는 것이 오래 사업하는 길임에 틀림이 없다.

잘못된 정관은
심각한 문제를 야기한다

정관 변경하세요!

중소기업 현장을 방문해보면 우리 기업은 정관을 다 바꾸고 갖추고 있다며 보험사 직원이 와서 전부 다 해줬다고 큰소리를 치는 사장님들을 종종 만날 수가 있다. 그런데 그 정관을 살펴보면 대부분은 임원 퇴직금 규정 정도만 변경되어 있고 정작 중요한 상법상의 규정은 별로 포함되어 있지 않은 사실을 확인할 수 있다.

또 어떤 업체는 사장님이 "우리는 모든 걸 다 준비하고 가업승계도 다 마무리했어요"라고 자신 있게 말하는데, 기실 들여다보면 정관 몇 군데 고친 것에 불과하다. 어떻게 이렇게나 쉽게 생각하고 계실까 하고 깜짝 놀라곤 한다. 어쩌면 보험사의 직원이 영업을 너무 잘한 것인지도 모르겠다.

정관의 유무에도 별 관심이 없고, 한번 만들어둔 정관은 그냥 사업을 영위하는 마지막 순간까지 그냥 가지고 있으면 된다고 생각하는 사장님들이 있다. 처음 법인 설립 당시에 적은 자본금으로 시작할 때 정관을 만들고, 회사의 규모가 성장하고 직원 수도 늘었다면 여기에 맞추어 정관도 수정·보완을 해야 한다.

대부분의 중소기업의 정관을 보면 법인 설립 당시 법무사가 설립을 위한 필요사항 정도를 담은 간단한 내용으로 구성된 정관(원시정관)을 가지고 있다. 이런 정관은 사실 별 의미가 없다. 매년 변경되는 세법의 규정이나 상법 규정 등도 담아서 회사의 자치법규로서 회사의 조직과 운영에 대한 근본 규칙으로 삼아야 한다. 당연히 회사의 변화 성장에 맞추어 정관을 수정·보완하여야 한다.

정관에 들어가야 하는 내용

법인의 여러 문제를 해결하기 위한 컨설팅을 할 때 가장 먼저 검토하는 것이 법인의 정관이다. 해당 기업의 정관을 검토해 보면 대부분은 법인설립 당시의 원시정관 상태 그대로이거나, 위에서 말한 퇴직금규정 등 일부 규정만 변경되어 있는 게 현실이다. 정관은 회사의 여러 방침을 정하는 중요한 도구인데도 불구하고 안타깝게도 대부분의 CEO는 정관의 중요성을 간과하고 있다.

정관은 말 그대로 회사의 자치법규로서 회사의 조직과 운영에 관한 근본 규칙을 말한다. 자치법규이므로 회사 내의 발기인, 주주 등 당사자 사이에서 효력이 있으나 외부의 제3자에 대하여는 효력이 없는 것이 원칙이며, 상법의 규정이 강행 법규가 아닌 한 정관이 우선 적용된다.

따라서 회사의 정관에 해당 규정이 없으면 실제로 실행에 효력이 없는 경우가 많다. 예를 들면 임원의 급여규정, 퇴직금규정, 스톡옵션, 자기주식 취득 규정, 이익배당과 중간배당, 이익소각, 주식양도제한, 이사의 책임 경감 등에 대한 규정이 들어가야 한다. 회사의 정관에 이러한 규정이 명시되어 있지 않으면 실행하지 못하거나 일반 상법상의 규정을 따라야 한다.

회사를 설립하는 경우 작성하는 원시정관은 공증인의 인증을 받아야 효력이 발생한다. 다만 자본금 총액이 10억 원 미만인 회사를 발기 설립하는 경우에는 각 발기인이 정관에 기명날인 또는 서명함으로써 효력이 발생한다.

정관은 절대적 기재사항, 상대적 기재사항 그리고 임의적 기재사항으로 구성된다.

- 절대적 기재사항: 정관에 기재가 없으면 정관이 무효가 되고 설립 무효의 원인이 되는 기재사항으로, 목적, 상호, 회사가 발행할 주식의 총수, 1주의 금액, 회사설립 시에 발행하는 주식총수, 본점 소재지, 공고하는 방법, 발기인의 성명과 주소 등이 해당된다.
- 상대적 기재사항: 정관에 기재하지 않아도 정관은 유효하지만, 반드시 정관에 기재해야만 그 효력을 주장할 수 있는 사항이다. 주식회사를 설립할 때의 변태설립사항, 현물출자, 발기인의 특별이익 등의 내용이 해당된다.
- 임의적 기재사항: 정관에 기재하면 효력이 있고 기재하지 않아도 정관의 효력에는 영향이 없는 기재사항으로 강행법규에 반하지 않으면 기재가 가능하다. 강행법규의 범위 내 기재면 법률에 우선하여 효력이 발생한다. 주식의 명의개서 절차, 주권의 종류, 기타 소소한 내규 등과 같은 사항이 해당된다.

정관 변경 시 주의해야 할 점

정관의 변경이란 회사의 조직과 행동에 관한 기본적인 규칙인 실질적 의의의 정관을 변경하는 것을 말한다. 정관의 변경은 반사회적이거나 회사의 본질에 어긋나지 않고 주주의 고유권을 해치지 않는 범위 내에서 어떠한 변경도 할 수 있으며, 정관의 변경은 반드시 주주총회의 특별결의가 있어야 한다. 특별결의는 출석한 주주의 의결권의 3분의 2 이상의 수와 발행주식 총수의 3분의 1 이상의 수로써 해야 한다.

정관변경 시에는 신주 발행 규정, 자기주식 취득, 주식 양도 제한규정, 스톡옵션 규정 등 주식 발행 및 운영에 대한 규정과 임원의 보수 및 퇴직금 규정, 이사의 책임 경감 규정, 임원 유족 보상금 규정 등 임원의 처우에 대한 부분 그리고 정기 배당과 중간 배당, 차등 배당 규정 등 주주의 이익 환원에 대한 규정을 신경 써서 변경해야 한다.

신용평가 구조를 알면
기업 신용도가 올라간다

신용이 힘이다

전국에 있는 많은 중소기업 CEO를 만나 상담하다 보면 대부분 비슷한 고민을 가진 것을 알 수 있다. 바로 기업의 신용 관리에 관한 것이다. 주로 다음과 같은 고민을 한다.

- 우리 기업의 신용을 사전에 파악하고 싶은데 어떻게 해야 할까?
- 내년부터는 신용등급이 개선되어 보다 적극적인 자금지원을 받고 싶은데 어떻게 해야 할까?
- 다른 회사들보다 우리 회사의 대출금리는 왜 이렇게 높을까?

- 대기업 협력업체 등록을 해야 하는데 신용평가등급이 너무 낮아서 큰일이다. 브로커에게라도 부탁해야 할까?
- 우리 회사가 나름 괜찮은 회사라 생각했는데 외부에서 평가해보면 왜 이렇게 신용등급이 낮게 나오는 걸까?
- 다른 사장들은 매년 잘만 받는 R&D 정부보조금을 우리도 받고 싶지만 신용문제 때문에 어렵다고 하는데 어떻게 해야 할까?
- 입찰 신청을 하면 매번 1~2점 때문에 입찰에 떨어져서 사업이 힘든데 방법이 없을까?
- 매년 기업의 경영성과를 비교, 측정하고 싶은데 어떻게 해야 할까?
- 우리 회사의 재무적 부실위험 여부를 파악하고 싶은데 방법이 없을까?

사업을 열심히 하고 계신 CEO라면 대부분 수긍이 가는 고민일 것이다. CEO들이 이런 고민을 하는 이유는 간단하다. 개인도 신용등급이 있듯이, 기업도 신용등급이란 게 있기 때문이다. 기업은 신용이 곧 힘이다.

거시적 시장 환경의 변화

예전처럼 은행 지점장과 식사하고 좋은 관계를 형성하는 식으로 자금 조달이 가능한 세상이 아니다. 은행 지점장도 전결 권한이 대폭 축소되었고, 모든 단계에서 과거보다 많은 근거를 요구하는 시대다. 일반인의 관점에서는 세상이 투명해졌고, 사장들의 관점에서는 사업하기에 훨씬 힘든 세상이 되었다.

국가 금융 정책 및 회계 환경의 변화가 뚜렷하다. 금융기관의 여신 의사결정에 신용평가 정보를 활용하고 있다. 여신 규모 20억 원 이하의 중소기업에서도 신용평가가 의무화되었고, 신용평가 결과에 따라 금융 및 자금 관련 정책적 지원이 결정된다.

기업의 신용도에 따라 여신한도 및 대출금리도 달리 적용이 된다. 중소기업 지원 정책도 변화했다. 금융 보증의 효율성 제고를 위해 신용평가 기반의 지원을 강화했다. 무차별적 자금 지원 등 직접 지원 방식에서 기술·신용·유망성 등에 중점을 주는 간접 지원 방식으로 전환되었다. 경쟁력 확보를 위한 R&D자금의 출연·투자에도 신용평가 정보를 적극 활용하고 있다.

거시적 경영 환경도 예전과는 다르다. 중소기업 관련 신용 정보의 집중을 위해 정부 주도의 기관이 설립되어 기업 경영에서도 신용 관리는 필수적인 요소로 부각되고 있다. 자본 규모, 외상 거래 규모, 외상 대금 지급·회수 가능성, 건전한 자금 활용 등 거래처 판단에 신용평가 정보를 활용하고 있는 추세다.

　이러한 거시적 시장 환경의 변화에 따라 우리 중소기업들은 재무적·신용적 건강 상태를 제고해야만 성장·발전 그리고 생존이 가능할 정도다. 그만큼 신용은 기업 경영에 있어 중요한 성공 요소로 자리 잡고 있다.

기업신용등급이 기업 경영의 모든 것이다

　기업신용등급은 다양한 사업과 관련이 되어 있어 기업 경영의 모든 곳에 영향을 미친다. 그중 대표적인 4가지를 살펴보자.

국가정책자금의 선정 시

　기업신용등급이 좋으면 일반 금융에 비해 금리나 상환기간을 우대해주고, 특정 산업 분야를 육성할 때 산업기반자금 등 정부 재정의 지원이 가능하다. 금융권에서 융자를 받을 때도 신용도가 취약한 기업은 부동산 또는 신용보증서 담보 대출을 받아야 하지만, 신용도가 좋은 기업은 정책자금 지원 시 은행에서 순수 신용대출도 가능하다. 기업 신용평가 결과에 따라 신용보증도 이용이 가능하다. 그리고 기업의 신용도에 따라 대출금리도 차이가 많아진다.

납품 업체 선정 시

일반적인 납품 업체 선정기준으로는 통계적으로 기업 규모 20%, 대표자와 지인 관계 5%, 기업 인지도 25%, 부도 위험 25% 그리고 금융 거래 성실도가 25%의 비중을 차지한다. 여기서 말하는 금융 거래 성실도는 기업신용등급을 말한다.

공공입찰 업체 선정 시

입찰 업체로 선정되기 위해서는 입찰 가격, 납품 이행 능력, 납품 실적, 기술 능력, 품질관리 등 신뢰 정도, 계약 이행 성실도, 납품 이행 능력 결격 여부, 경영 상태(신용평가 등급) 등 여러 가지 분야의 평가를 받는데, 이 중에서 기업신용등급 평가가 배점 30점으로 가장 높은 비중을 차지한다.

보증기관에서 보증을 받을 시

신용도가 일정 수준 이하 기업은 보증서 발급을 제한하고 있고, 신용도 하락 기업에 대하여는 보증기한 연장 시 일부 상환의무를 부과한다. 기업신용등급별 보증수수료도 차등 적용되고, 기업의 미래가치 분석결과를 보증 심사에 반영하는데 미래에 신용 있는 기업 위주로 보증을 운용하고 있다.

이렇듯 우리나라에서 기업 경영을 하는 데 있어 기업신용등급이 모든 것이라고 해도 과언이 아니다.

기업신용등급이 좋아지면 달라지는 점

기업신용등급이 좋아지면 어떤 좋은 점이 있을까? 앞서 말한 여러 부문에서 우위를 확보하게 된다. 정부 지원자금 및 정책자금 조달에 유리하게 되고, 금융기관 여신거래 시 금리나 한도 등 우대를 받는다. 적시적기의 운전자금 조달 기반을 확보할 수 있고, R&D 출연금 수혜 기업으로 선정될 수도 있는 등 금융거래에서 우위를 확보할 수 있다.

경영효율화나 기업 개선 측면에서도 우위를 점할 수 있다. 건전한 재무구조가 확보된 상태로 경영효율화도 실현할 수 있고, 벤처·이노비즈(Inno-Biz: Innovation과 Business의 합성어로, 기술 우위를 바탕으로 경쟁력을 확보한 기술혁신형 중소기업을 지칭)·메인비즈 (MAINBiz: Management, Innovation, Business의 합성어로 중소벤처기업부로 터 경영혁신형 중소기업으로 인증받은 기업을 지칭) 기업 인증에서도 가산점을 받을 수 있다.

또한 거래처 및 시장이 확대되어 매출액 증가도 기대할 수 있다. 그리고 주주와 경영진에게 합리적 의사결정 정보도 제공할 수 있다는 장점도 있다.

우리나라에서 안정적인 매출과 대금 결제 그리고 사업 이력을 위해 중요한 공공입찰 참여 시에도 낙찰(성공)률을 높일 수 있고, 건설업이나 정보통신공사업 등의 정기평가에서도 우위 확보가 가능하며, 시공 능력 평가 등에서도 적합 판정을 받고, 투자 심사나 M&A를 위한 평가에서도 우위를 확보할 수 있는 등 사업을 위한 경쟁력을 강화할 수 있다.

재무제표를 잘 만들어야 좋은 평가를 받는다

기업 신용에 대한 평가는 재무 부문에 대한 평가와 비재무 부문에 대한 평가로 구성된다. 재무 부문은 회계와 비회계적인 요소로 구성되며, 60~70% 비중을 차지한다. 비재무 부문은 거래 신뢰도와 인증, 경영 능력 등에 대한 평가를 의미하며, 30~40%의 비중을 차지하는데 복합적으로 기업신용을 평가한다.

재무 부문에 대한 평가가 상대적으로 많은 비중을 차지한다. 결국은 재무 부문에 대한 공식적인 근거자료가 되는 재무제표를 잘 만들고 관리해야 한다는 결론이 나온다.

중소기업의 재무제표는 일정 부분 분석한다는 재무제표 자체의 신뢰성 문제도 있고, 이미 지나가 버린 과거의 데이터라 시의

대분류	중분류	구성 요소
재무 상태	자본구성	자기자본비율
	유동성	유동비율
	수익성	총자산순이익률, 매출액영업이익률, 이자보상배수
	안전성	부채비율, 차입금의존도, 고정장기적합률
사업 현황 및 전망	활동성	총자산회전율, 매출채권회전율, 재고자산회전율
	성장성	총자산증가율, 매출액증가율
	생산성	부가가치율
	업황	경쟁사 동향
	사업 전망	추정 매출액, 추정 이익률, 판매 전망 등
금융 거래 및 연체	연체 및 부도	연체 및 대지급 발생 여부, 부도 발생 여부
	채무 상환 능력	상환 능력 수준
재무 신뢰도	재무제표	재무 자료 신뢰도(분식, 가지급금 등)
	자금 조달	자금 조달 능력

적절하지 못하다는 지적 등이 있다. 그러나 활용할 다른 대체 자료 또한 없는 상황이다.

그렇기 때문에 세무사에게만 전적으로 결산을 맡겨두고 그냥 법인세만 줄여달라는 얘기만 하지 말고 CEO가 직접 재무제표 관리에 신경을 많이 써야 한다.

이처럼 재무제표는 결국 기업의 경영 활동에 있어서의 생산·영업·원가·관리 등의 성과가 모두 표현되어 있는 자료이므로 금융기관, 신용평가회사 및 이해관계자들은 재무제표를 통하여

대분류	중분류	구성 요소
영업 위험	구매 / 생산 위험	구매의 안정성
		인력 / 기술경쟁력
		입지 / 설비수준
	판매 위험	고정 거래처 매출 비중
		거래처의 다양성
		산업 상황 및 경기 전망
		경쟁 구조
		거래처(매출처 / 매입처)의 신용도
		매출채권의 건전성
경영 위험	경영자 및 경영 구조	전문성과 경영 능력
		경영진의 안정성
		노사관계 및 복리후생
		계열 및 관계사 위험
		상벌, 인증, 관리력, 기타

중요한 의사결정을 할 수밖에 없다. 그래서 결산 시에 신경을 많이 써서 재무제표를 잘 만들어야 한다.

성공 기업을 만드는
좋은 습관 14가지

기업신용등급을 올리고 우리 기업이 높은 재무적 경쟁력을 갖추기 위한 신용관리전략을 몇 가지 소개하고자 한다. 아래 내용 중 대부분은 현실적으로 바쁘고 모르다 보니 챙기지 못하고 넘어가는 것들이 많이 있다. 이번 기회에 제대로 알고 각 기업의 신용관리에 도움이 되었으면 좋겠다.

1. 결산 재무제표의 철저한 관리 및 회계자료의 투명성에 신경을 써야 한다. 재무제표의 분식은 해서는 안 되며, 차입금 누락은 절대 금지해야 한다. 신용평가기관은 경영통계·분석시스템으로 의도된 조정을 발견할 수 있기 때문에 회계 처리의 객관성을 유지해야 한다. 경영분석 지표

를 동종 업계의 평균 지표와 비교하고 우위에 설 수 있도록 개선 노력해야 한다.

2. 대출 원리금 납부 기일은 꼭 준수해야 한다. 아무리 재무제표를 잘 만들어도 신용에는 무조건 악영향을 미친다. 신용평가기관은 최근 3개월 이내 연체 발생 사실을 조회하고 우리 기업의 신용평가에 실시간으로 반영한다.

3. 법인세, 소득세, 부가가치세, 양도소득세, 취득세 등 납부 기한을 준수해야 한다. 사소한 공과금이라도 납부를 철저히 해야 한다. 세금의 연체가 발생하면 유동성과 관리력에 문제가 있다고 판단해 최하등급 또는 일정 등급을 넘지 못하게 된다.

4. 사업장과 대표자 소유 부동산의 권리 침해에 유의해야 한다. 압류, 가압류, 가등기, 가처분 등이 발생하면 당장 기업신용등급에 적색경보가 발생하며, 거래처나 금융기관에서도 자금을 회수하려고 한다.

5. 은행과 당좌 거래 시 철저하게 관리(약속어음·당좌수표관리)해야 하며, 어음발행건수, 금액 확인 후 미결제 금액을 재무상태표상 지급어음으로 계상해야 한다.

6. 중소기업은 경영자와 기업을 일체화하여 판단하기 때문에 경영진 및 주주의 구성과 역할이 아주 중요하다. 회사의 경영진을 구성하고 있는 인적측면의 신용관리에 유의

해야 하며 회사의 규모에 비해 회장, 고문 등 기업조직이 비대하지 않도록 관리해야 한다.

7. 차입금 등 타인자본 의존은 회사의 매출 규모와 영업 상황에 맞게 운용해야 한다. 계획적·장기성 자금활용·경제성을 감안하여 비유동자산의 투자 원칙을 철저히 준수해야 한다. 흑자도산방지를 위한 효율적인 자금계획 및 운전자금, 현금흐름 관리에 철저를 기해야 한다.

8. 거래처에 대한 객관적인 신용관리에 신경써야 한다. 매출채권의 정상적인 회수에 노력해야 하며, 미회수 위험에 대한 관리를 해야 하고, 거래처의 재무상태를 추적하며, 객관적인 신용 평가 자료로 판단해야 한다.

9. 기업의 미래 가치, 부실 위험도에 대한 비중이 점차 확대되고 있다. 기업 신용평가에 대한 평가 항목, 절차, 방법의 이해를 통해 경영 활동에 반영해야 하며, 철저한 자신의 재무제표 및 자기신용 관리에 철저해야 한다.

10. 지속적이고 성실한 금융 거래로 주기적인 우리 기업의 신용 상태를 체크하며 관리해야 한다. 주거래은행의 선정 및 적정 수준의 단골 거래가 필요하다. 한 군데 은행과만 거래하는 것보다는 두세 군데를 주거래은행으로 정해서 건전한 거래를 유지하는 것이 좋다.

11. 매출 원가 절감, 이자 비용의 감소 등 원가 절감 활동을

상시 전개해야 하며, 영업 이익을 증대하는 노력과 자기 자본을 관리해야 한다. 증자 등을 통한 적절한 자본 관리를 통해 자본 잠식 탈피 노력을 해야 한다. 적정 수준의 이익잉여금은 회사의 영업이익 창출 능력을 검증할 수 있는 중요한 수단이다. 너무 절세에만 신경을 쓰면 안 되고, 경영 효율화를 위해 이윤 창출을 통해 자기자본이 증가되고 있음을 보여주어야 한다. 과도한 이익잉여금의 보유는 기업 가치에 반영되어 비상장주식 보유 주주에게는 리스크가 있으므로 신용에 영향을 미치지 않는 범위 내에서 적절하게 보유하는 것이 효과적이다.

12. 가지급금은 신용의 적이다. 재무제표의 신뢰도를 해치는 핵심요인 중 하나가 가지급금이다. 총자산 대비 가지급금 비중이 너무 크면 안정성과 신뢰성에 대한 의혹이 커진다. 세무상으로 문제 발생의 여지가 크며, 만약 가지급금이 생기는 경우에는 반드시 약정이자와 상환기간 등을 표시한 증빙을 갖추는 것이 중요하다.

13. 현금흐름표 작성은 필수다. 현금흐름표는 기업의 활동을 현금의 입출금을 기준으로 작성하므로 매우 중요하다. 이상적인 현금흐름은 영업활동을 통해 창출된 현금으로 설비투자·R&D투자·부채 상환에 충당하는 것이다. 매출채권과 매입채무 등의 운전자금의 균형적 관리와 원가절감

을 통한 수익성 개선이 중요하다.

14. 단순한 재무비율에 대한 맹신은 금물이다. 재무제표는 신
    용에 직·간접적으로 영향을 미치고 많은 경영활동에 대
    한 의미를 내포하고 있다. 결국 기업신용이 좋아진다는
    것은 근본적인 경영 활동의 개선을 의미한다. 무리한 회
    계 처리보다는 중장기적인 시야를 가지고 신용관리하는
    노력이 필요하다.

위와 같은 신용 관리 활동을 상시적으로 전개하여 높은 수준
의 기업 신용 관리로 여러 가지 경쟁력을 확보할 수 있다.

정책자금 우선대상
기업이 되려면

자금 조달에도 우선순위가 있다

중소기업 경영에 있어 CEO들이 가장 필요로 하는 분야가 바로 '자금'이다. 매달 근로자의 급여와 임차료, 원재료 구입비 등 사업을 유지하는 것부터 시작해서 새롭게 거래처를 만들어 거래하려고 해도 운전자금이 필요하고, 공장이나 시설 확충을 위한 시설자금도 필요하게 된다.

대부분의 사장님들은 상황이 급하다 보니 늘 빨리 자금 조달이 가능한 방법을 선택하는데, 자금조달에도 우선순위가 있다. 많은 사장님들은 주로 담보대출부터 실행하는데 담보를 금융기관에 제공하고 자금 조달하는 것은 언제 어느 때라도 가능하다.

그렇기에 담보는 가장 어려운 최후의 순간에 사용해야 하고 일단은 가능한 다른 자금부터 조달해야 한다.

일반적으로 생각해볼 수 있는 자금으로 금융권 대출과 국가 정책자금 대출 그리고 R&D 정부지원 자금이 있다. 국가에서는 기업을 위해 여러 형태와 용도의 자금을 지원해주고 있다. 우선 중소벤처기업진흥공단이나 소상공인시장진흥공단의 자금부터 활용하고, 기술보증기금이나 신용보증기금의 자금, 지역 신용보증재단이나 지자체의 자금, 다음으로 각 기업이 거래하고 있는 은행 자금의 활용, 마지막으로 담보대출의 순으로 자금을 조달해야 한다.

여러 가지 정책자금 대출

정책자금이란 일반 시중 금융권에서 조달하는 자금 이외에 국가의 여러 정부기관에서 지원해주는 자금을 말한다. 국민의 세금을 재원으로 해서 지원해주는 자금이기에 시중 은행을 포함한 일반 금융권의 자금에 비해서는 금리나 대출조건이 유리하다.

정책자금은 중소벤처기업진흥공단과 소상공인시장진흥공단에서 지원해주는 직접대출과 신용보증기금과 기술보증기금, 각 지역신용보증재단과 농림수산업자신용보증기금(농신보), 한국무

역보험공사, 에너지관리공단, 환경부, AT센터 등에서 지원해주는 간접대출이 있다. 간접대출은 각 기관에서 발행해주는 보증서를 통해 거래 은행에서 최종적으로 자금을 지원받는 형태의 자금이다.

이런 정책자금은 자금의 한도가 있다 보니 여러 조건을 갖춘 기업들에만 순차적으로 지원이 된다. 자금신청을 위해서는 사업자등록증, 직전 3개년치 재무제표, 금융거래확인서, 보유 인증, 법인등기부등본, 주주 명부, 부가세증명원, 지적재산권 여기에 대표의 신용 상태 등이 필요하다. 세금이 체납 중이거나 대표의 신용 상태가 좋지 않은 기업은 자금 조달이 불가능하다.

그리고 많은 CEO들이 간절히 원하는 무이자, 무담보, 무상환의 R&D자금이 있다. 중소기업청, 농림수산식품부, 환경부, 정보통신과학부, 고용노동부와 정부산하기관들과 각 지자체에도 무상지원자금이 있다. 기업의 성장과 연구개발에 필요한 자금을 지원해주는 자금으로 각 기업도 원리금을 상환해야 하는 대출 성격의 자금을 벗어나 R&D자금을 받아 연구 개발하여 회사를 성장하는 방향으로 노력을 해야 한다. 정부도 갈수록 R&D자금의 지원에 비중을 높이고 있다.

자금 조달을 위한 조건

앞에서 설명한 융자 성격의 자금(원리금을 상환해야 하는 자금)과 R&D자금(원금 상환 의무가 없는 자금)을 받기 위해서는 자금을 받을 수 있는 조건을 갖추고 있어야 한다. 국민의 세금을 재원으로 해서 지원해주는 자금이다 보니 당연히 회사의 안정성과 성장성, 수익성 등을 따져서 지원해줄 수밖에 없다.

기업이 매년 조금이라도 성장해야 하고, 적어도 원리금을 상환할 수 있는 정도의 이익은 내야 한다. 그리고 기업신용등급이 일정 등급 이상이어야 하고, 회사의 기술과 신용을 나타내고 있는 특허나 연구소 등의 인증서가 있으면 도움이 된다.

CEO가 원하는 시기에 원하는 이자율과 금액을 조달하기 위해서는 회사의 체력과 조건이 갖추어져야 유리하다. 그러므로 중장기 사업계획에 따른 자금 조달 계획에 맞춰 결산도 잘해야 하고, 재무제표도 이쁘게(?) 잘 만들어야 하고, 기업신용등급 관리도 잘해야 하고, 회사의 경쟁력을 나타낼 수 있는 무형자산과 인증들도 준비를 해야 한다.

그래서 늘 강조하지만 기업의 라이프사이클상 필요한 인증을 만들어 CEO가 원하는 시기에 차질이 없도록 긴 호흡의 로드맵을 가지고 사업을 해야 한다.

인증에 따른 성장 로드맵

매년 집행하는 정책자금은 배정된 예산이 소진되면 더 이상 자금 신청을 할 수 없다. 그러다 보니 연초부터 경쟁이 치열하다. 정부에서는 국민의 세금을 재원으로 사용하므로 당연히 요건을 갖추고 매년 성장하는 회사에 관심을 가지고 지원을 해주고 있다.

정책자금 신청 시에 우선심사와 우대를 받을 수 있는 주요 인증 몇 가지를 소개한다.

- 기업부설연구소: 연구전담요원 인건비와 연구에 필요한 기자재, 원료비 등의 25% 연구세액 공제, R&D자금 신청 시 우대, 엔젤투자자금 유치 시 유리하다.
- 소재부품전문기업: 한국은행 C1, C2 저금리자금 적용 대상, 병역지정업체 신청 시 가산점을 준다.
- 뿌리기업: 용접, 표면처리, 열처리, 금형, 주조, 소성가공 6개 분야의 부품과 완제품을 생산하는 기초 공정 산업으로, 제조업의 근간을 이루는 '뿌리산업'이라 말하며 외국인 인력을 20%까지 추가로 고용할 수 있다.
- 벤처기업: 창업 3년 이내에 벤처기업 인증을 받으면 최초로 소득이 발생한 과세연도와 그다음 과세연도부터 4년간 법

인세와 종합소득세 50% 감면, 창업일로부터 4년 이내에 취득하는 사업용 자산에 대해 취득세 75% 감면, 창업 후 5년간 재산세를 50% 감면해준다.

- 이노비즈(기술혁신형 중소기업): 기술보증기금 보증지원 한도 최고 50억 원까지 확대, 농림수산업자신용보증기금 보증한도 최대 30억 원, 신용보증기금 보증한도 개인 10억 원, 법인 15억 원까지 한도를 확대해준다.
- 메인비즈(경영혁신형 중소기업): 신보(신용보증기금) 보증비율 85% 적용, 조달입찰 가산점, 한국은행, 농협은행, 산업은행, 기업은행 등 금리를 우대해주며 신보에서 선호한다.

기타 ISO인증, 신기술인증(NET), 신제품인증(NEP), 녹색인증 등 많은 인증들이 있다.

자금 조달 가산점과 우선대상기업

정책자금을 신청할 시 가산점을 받을 수 있는 서류와 우선 지원 대상임을 입증하는 서류와 인증에 대해 설명해 보면 다음과 같다.

정책자금 신청시 가산점에 해당하는 서류

- 최근 결산년도의 수출실적증명(대한무역협회, 외국환거래은행)

- 여성기업을 입증하는 서류

- 장애인기업을 입증하는 서류(중소벤처기업부 발급)

- 일자리우수기업 인증업체임을 입증하는 서류

- 일하기좋은기업(가족친화) 인증기업임을 입증하는 서류

우선 지원 대상임을 입증하는 서류와 인증서

- 이노비즈 증명서(중소벤처기업부 발급)

- 특허권, 실용신안권 등록증명서

- 유망중소기업 증명서

- 노사문화우수기업 증명서(고용노동부)

- 녹색인증 기업서

- 에너지절약 전문기업(에너지관리공단 지정 서류)

- 장애인 의무고용 준수 여부 관련 서류

- 사회적기업 인증기업(증빙 서류)

- 해외 마케팅 인재교육 기업(증빙 서류)

- 뿌리산업, 문화콘텐츠산업 영위기업(증빙 서류)

- 소재부품전문기업 확인서(한국산업기술평가관리원)

- 지식재산경영인증기업(특허청 인증)

- 인재육성형 중소기업(중소벤처기업부 인증)

- 명문장수기업(중소벤처기업부 인증)

- 농어촌 사회공헌기업(농림수산식품부 인증)

- 기타 가점 대상임을 입증하는 서류

| 기업 인증을 통한 성장 로드맵 |

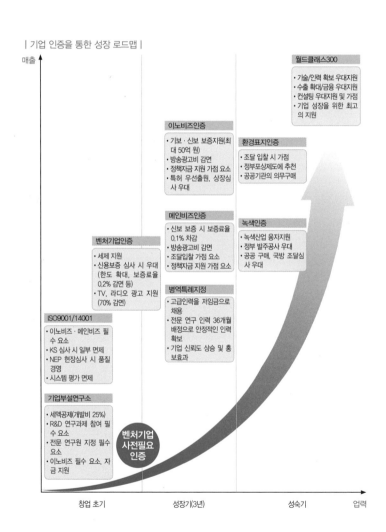

매출

월드클래스300
- 기술/인력 확보 우대지원
- 수출 확대/금융 우대지원
- 컨설팅 우대지원 및 가점
- 기업 성장을 위한 최고의 지원

이노비즈인증
- 기보 · 신보 보증지원(최대 50억 원)
- 방송광고비 감면
- 정책자금 지원 가점 요소
- 특허 우선출원, 상장심사 우대

환경표지인증
- 조달 입찰 시 가점
- 정부포상제도에 추천
- 공공기관의 의무구매

메인비즈인증
- 신보 보증 시 보증료율 0.1% 차감
- 방송광고비 감면
- 조달입찰 가점 요소
- 정책자금 지원 가점 요소

녹색인증
- 녹색산업 융자지원
- 정부 발주공사 우대
- 공공 구매, 국방 조달심사 우대

벤처기업인증
- 세제 지원
- 신용보증 심사 시 우대(한도 확대, 보증료율 0.2% 감면 등)
- TV, 라디오 광고 지원(70% 감면)

병역특례지정
- 고급인력을 저임금으로 채용
- 전문 연구 인력 36개월 배정으로 안정적인 인력 확보
- 기업 신뢰도 상승 및 홍보효과

ISO9001/14001
- 이노비즈 · 메인비즈 필수 요소
- KS 심사 시 일부 면제
- NEP 현장심사 시 품질경영
- 시스템 평가 면제

기업부설연구소
- 세액공제(개발비 25%)
- R&D 연구과제 참여 필수 요소
- 전문 연구원 지정 필수 요소
- 이노비즈 필수 요소, 자금 지원

벤처기업 사전필요 인증

창업 초기   성장기(3년)   성숙기   업력

구분	이노비즈기업	벤처기업	메인비즈기업	기업부설연구소

우대
사항
	• 수도권 취득세 중과
	 면제
	• 정기 세무조사 유예
	• 세금 납부기한 연장
	 및 징수유예
	• 부가가치세 조기환급
	• 관세조사 유예
	• 기보 금융지원 협약
	 보증
	• 기술보증 우대 지원
	• 이노비즈 금융지원
	• 15개 시중은행 협약
	• 보증기관 평가 시 우대
	• 중소벤처기업부 R&D
	 지원
	• 중소기업정책자금
	 우대
	• 중소기업 지원사업
	 우대
	• 조달청 신인도 점수
	 가점
	• 병역지정업체 가점
	• 무역보증 우대
	• 코스닥 상장 지원
	• 특허출원 시 우선심사
	• 특허 연차등록 수수
	 료 감면
	• 공공기관 사업 참여
	 가점
	• TV방송 광고비 70%
	 할인
		*세제혜택은 창업 후 3년
		 이내 벤처기업만 대상
		
		• 법인세 및 소득세
		 50% 감면
		• 부동산 취득세 75%
		 감면
		• 재산세 3년간 면제,
		 다음 2년간 50% 감면
		
		• 코스닥 등록심사 시
		 우대
		• 중소기업정책자금
		 한도 우대
		• 기술보증심사 시 우대
		• 병역특례 연구기관
		 가점
		• 특허출원 시 우선 심
		 사 대상
		• TV, 라디오 광고비
		 70% 할인
		• 벤처시설 입주 시 특
		 례 적용
		• 국가정책 과제 신청
		 시 가점
			• 신보 보증료율 0.1%p
			 차감 우대
			• 신보 매출채권보험료
			 15% 차감 우대
			• SGI서울보증 보증
			 우대
			• 시중은행 금융 우대
			 (0.1~0.2% 감면)
			• 정기 세무조사 유예
			• 관세조사 유예
			• 혁신창업사업화자금
			 지원
			• 중소기업육성자금
			 지원
			• 무역보증료 할인 및
			 한도 우대
			• 경영혁신 R&D 지원
			 가점
			• 기술혁신개발 / 정보
			 화 지원
			• 기업부설연구소 설치
			 지원
			• 수출유망중소기업
			 지정
			• 해외규격인증 획득
			 지원
			• 산학연 공동 기술 개발
			• 산학협력실 설치 지원
			• TV, 라디오 광고비
			 70% 할인
			• 조달청 신인도 평가
			 가점
				• 연구개발비 25% 세
				 액공제
				• 연구 및 인력개발비
				 의 일정률을 법인세
				 또는 소득세에서 사
				 후 공제
				• 연구소용 부동산 지
				 방세 면제
				 – 중소기업: 취득세
				  60%, 재산세 50%
				  감면
				 – 대기업: 취득세
				  35%, 재산세 35%
				  감면
				• 국가 R&D자금 신청
				 필수 요소
				• 벤처, 이노비즈기업
				 필수요건
				• 정책자금 지원 가점
				 요소
				• 연구개발용 수입물
				 품 관세 80% 감면

선정 기준	• 기술혁신시스템 700점 이상, 개별 기술 수준 B등급 이상 선정	• 평가기관의 현장실 사를 거쳐 평가점수 65점 이상일 경우 선정	• 평가점수 700점 이 상일 경우 선정	• 연구 공간 및 연구원 확보 • 회사의 업종과 사업 내용에 적합한 연구 내용과 장비 필요
필수 요건	• 설립 후 만 3년 경과 기업 • ISO인증(9001,14001) • 지적재산권(특허,실 용신안등록) • 기업부설연구소	• 설립연수 무관 • ISO인증(9001,14001) • 지적재산권(특허,실 용신안등록), • 기업부설연구소	• 설립 후 만 3년 경과 기업 • ISO인증(9001,14001) • 업종 무관 • 매출규모 2억 이상 가능	• 설립연수 무관 • 연구 공간 보유 • 기업규모에 맞는 전 담연구요원 필요

경쟁력도 올리고 법인세도
줄여주는 기업부설연구소

법인세를 한 푼도 내지 않아도 된다고?

우리나라에 있는 많은 인증제도 중에 가장 강력하고 기업에 직접적인 혜택을 주는 제도로 기업부설연구소가 있다. 서울 양재동에 있는 한국산업기술진흥협회(KOITA)에서 주관하고 있다. 일정 요건을 갖춘 기업의 연구개발 전담 조직을 신고, 인정함으로써 기업 내 독립된 연구조직을 육성하고, 연구개발 활동에 따른 지원 혜택을 부여하는 기업의 연구개발을 촉진하는 제도다.

기업부설연구소나 연구전담부서를 가지고 있으면 세액공제를 받을 수 있다. 세액공제란 납부할 최종 세금에서 일정 금액만큼을 빼고 세금을 납부하는 것이니 실질적인 절세 혜택을 보게 된다.

연구전담요원의 연봉총액의 25%에 해당하는 금액을 세액공제를 해준다. 예를 들어 연봉이 5,000만 원인 연구전담요원 1명이 있는 연구전담부서를 가지고 있는 기업이라면 5,000만 원의 25%인 1,250만 원을 납부해야 할 법인세에서 세액공제를 해준다. 매년 당기순이익이 1억 원이 되는 중소기업이라면 납부해야 할 법인세가 1억 원의 10%인 1,000만 원이 되는데 연구전담부서를 갖추어 운용하고 있다면 결과적으로 법인세를 한 푼도 안 내도 되는 강력한 제도다.

그리고 기업부설연구소나 연구전담부서를 가지고 있으면 자금조달 시나 기업신용평가와 보증서를 발급받을 경우에 가산점이 주어진다. 또한 기술혁신형 중소기업(이노비즈)이나 특허 등록, 정부 R&D사업 지원 시 필수 요건이 되어 지원 자격이 주어진다.

이렇듯 강력한 혜택이 있다 보니 많은 기업들이 기업부설연구소를 설립하려고 한다. 그렇지만 주의해야 할 것이 '연구전담요원'이란 단어에서도 알 수 있듯이 해당 직원이 다른 업무를 하면 안 되고 연구만 전담해 중소기업의 연구개발 활동을 장려하기 위해 주는 혜택이다. 그런데 우리나라 중소기업의 현실이 연구만 전담할 직원을 두는 게 사실상 어렵다.

그리고 실제로는 연구개발 활동을 별로 하지도 않는데, 많은 기업이 세액공제로 세금혜택만을 노리고 연구소를 설립하고 있으므로 2021년부터는 기업부설연구소와 연구전담부서에 대한 관리가 강화되었다. 즉 기존에는 매년 5월경 연구소의 인적현황 등의 간단한 신고를 했었는데, 2021년부터는 실제로 연구활동을 제대로 잘 하고 있는지에 대한 연구노트, 연구활동일지 등의 근거자료를 증빙으로 제출해야 한다. 이런 자료가 부족할 시 연구세액공제를 못 받게 되고, 그럼에도 연구세액공제를 받은 경우에는 공제금액을 토해내야 할 수도 있다.

과거보다는 관리에 많은 부담이 주어진 게 사실이지만, 다른 인증에 비해서 설립과 인증을 받기에 상대적으로 수월하다. 그리고 강력한 혜택이 주어지는 제도가 분명하므로 조건만 충족한다면 기업의 경쟁력 향상을 위한 연구개발과 법인세 절세까지 가능한 기업부설연구소와 연구전담부서를 설립하기를 권한다.

기업부설연구소 설립조건

기업부설연구소 및 연구전담부서를 설립하려면 물적조건과 인적조건을 갖추어야 한다. 물적조건은 과거에는 무조건 별도의 출입문을 갖춘 공간이 필요했지만, 지금은 파티션으로도 설립이 가능해 과거보다는 수월해졌다. 대부분의 중소기업에서 이 물적조건은 그다지 문제가 되지 않는다.

인적조건도 사실 특별히 까다롭진 않지만 대한민국 중소기업 현실에서 인적조건을 갖추는 게 만만치 않은 경우가 흔히 있다. 연구전담요원은 다음과 같은 자격요건을 갖추어야 한다.

- 자연계, 이공계(자연과학, 공학, 의학계열) 4년제 대학 졸업자로서, 연구개발 분야 전공자 또는 해당 연구개발 경력 1년 이상 보유자
- 연구개발 활동과 관련된 국가기술자격법에 의한 기술·기능분야 기사 이상인 자
- 연구개발 활동과 관련된 자연계 2년제 전문대 졸업자로서, 해당 연구 분야 2년 이상 경력자
- 연구개발 활동과 관련된 국가기술자격법에 의한 기술·기능분야 산업기사로 해당 분야 2년 이상 경력자
- 마이스터고등학교 또는 특성화 고등학교 졸업자로 해당 연구 분야 4년 이상 경력자

간단하게 말해 졸업장과 경력을 합쳐 4년 이상이 필요하다. 위와 같은 조건의 직원이 있으면 인적 조건을 충족하지만 대부분의 소기업이나 소상공인 기업에는 위 조건을 충족한 인원이 별로 없는 게 현실이다. 기업부설연구소의 경우 기업의 규모에 따라 많은 인원의 연구전담요원이 필요하다. 하지만 연구전담부서는 1명만 있으면 설립이 가능하다.

노무 관리 잘못하면
과태료 폭탄 맞는다

노무관리의 필요성 증가

최근 들어 중소기업 경영에 있어 절대 간과할 수 없는 것이 노무관리에 대한 리스크다. 과거에는 별다른 분쟁과 갈등 없이 노사관계가 유지가 되었지만 요즘은 노무 문제에 대한 분쟁이 갈수록 증가하고 있다. 노무에 대한 정보 확대, 여러 포털 사이트에 각종 수당, 퇴직금, 최저임금 등 노무 관련 질문을 하면 전문가들의 답변이 실시간으로 이루어짐에 따라 근로자들의 권리 의식이 증가했다는 게 근본 원인이 될 것이다.

여기에 과거에는 없었던 고용노동부의 근로 질서에 대한 점검이 수시로 이루어지고 있고, 노동부의 자율 점검이 강화됨에 따라 중소기업 CEO들이 제대로 된 준비를 하고 규정을 갖추지 않을 경우 각종 과태료와 처벌이 강화되고 있어 노무관리에 대한 중요성이 강조되고 있다.

아직도 사장님들은 뭘 해야 하는지 모른다!

최근 몇 년 사이에 근로 관련 많은 정책적인 변화와 인식의 변화가 있었다. 시대의 변화와 대한민국 경제의 발전에 따라 근로자의 삶의 질 개선과 근로조건에 대한 근로자의 요구와 기대에 따른 정치권의 변화도 있었고, 그에 따른 최저임금의 상향 조정과 근무시간 등 노무관리 이슈가 급격하게 제기됨에 따라 현실적으로 납기를 맞추기 위해 매일 야근을 해야 하는 중소기업이 제도를 좇아가기에 힘이 들고 갈수록 경쟁력을 잃어가는 게 현실이다.

변화의 방향은 옳은 게 사실이지만 중소기업들이 발맞추어 나갈 수 있는 속도 조절이 중요한데, 안타깝게도 그러지 못하고 있다. 현실과 이상의 괴리가 문제라 생각된다. 지금도 중소기업 현장을 방문해보면 이런 급격한 근로조건의 변화 흐름 속에서도 여전히 중소기업 CEO들은 노무문제에 대해 느슨한 의식을 가지고 있는 것 같다.

예를 들어 근로자 퇴직금 문제의 경우, 2012년 7월 26일 이후에는 퇴직금 중간정산이 전면 금지되어서 월급에 포함된 퇴직금이나 분기별 또는 매년 정산하여 연말에 지급하는 퇴직금은 무효가 되었음에도 '우리는 문제없이 다 지급하고 있다'고 자랑스레 말하는 사장님들이 많다.

근로자가 요청할 시 정산하여 지급하거나 근로자가 4인 이하라 지급 안 해도 된다고 자신 있게 얘기하는 사장님도 있다. 이런 것들은 현재는 모두 위법한 행위다. 설령 이렇게 지급했다손 치더라도 근로자가 요구하면 퇴직금을 다시 지급해야 한다. 사장님의 입장에서는 억울해도 어쩔 수가 없다.

실제로 심심치 않게 노무 관련 이슈로 사장님들의 연락을 받게 된다. 최근에 직원이 퇴사를 했는데 자신은 퇴직금을 매년 정산해서 지급을 했는데도 직원이 못 받았다고 노동청에 신고를 해서 퇴직금을 또 달라고 주장해 노동청에서 출석 요구서를 받았다는 것이다. 이런 경우 노동청에 가서 근로감독관과 면담을 하면 무조건 사장님이 지게 되며, 억울하고 부당하지만 또다시 퇴직금을 지급해야 한다.

세상살이가 험악해져 그런지도 모르겠지만 악의적인 직원들이 가끔 있기도 하다. 중소기업 사장님들은 가족 같은 관계라 스스로 위안을 삼기도 하지만, 주위에서 직원들을 부추겨서 추가로 퇴직금을 받아내게 하는 그런 경우도 본 적이 있다.

노동부 점검 시 주요 점검내용 및 규정

매년 두 차례에 걸쳐 고용노동부는 근로 기초질서에 대한 사율점검을 실시한다. 주로 임금체불, 근로조건 서면 명시·교부 및 최저임금 위반 여부 등을 조사하는데, 자율점검 시 주요 점검 내용과 위반 시의 규정에 대해 잠시 안내하면 다음과 같다.

- 모든 CEO들은 근로자와 임금, 근로시간, 휴일, 연차 등의 근로조건을 명시한 근로계약의 체결 및 근로계약서 서면 교부 의무가 있다. 이를 위반할 시 500만 원 이하의 벌금형에 처한다.
- 근로자명부 작성 및 3년간 보존 의무를 위반하면 500만 원 이하의 과태료에 처한다.
- 소정 근로시간을 위반하면 통상임금의 50%의 가산금을 물게 되며, 이와 더불어 2년 이하의 징역 또는 1,000만 원 이하의 벌금형에 처한다.
- 연장근로시간을 위반하면 2년 이하의 징역 또는 1,000만 원 이하의 벌금형에 처한다.
- 임금 지급을 위반하면 3년 이하의 징역 또는 2,000만 원 이하의 벌금형에 처한다.
- 연차 유급휴가를 시행하지 않았을 시 2년 이하의 징역 또

는 1,000만 원 이하의 벌금형에 처한다.

- 해고에 앞서 30일 전에 해고에 대한 예고를 해야 하는데 이를 어겼을 시 2년 이하의 징역 또는 1,000만 원 이하의 벌금형에 처한다.
- 취업규칙 작성과 열람 게시 의무 위반을 했을 경우 500만 원 이하의 과태료를 물게 된다.
- 퇴직급여 지급이나 최저임금의무를 위반하게 되면 3년 이하의 징역 또는 2,000만 원 이하의 벌금형에 처하게 된다.
- 직장성희롱예방의무 위반의 경우도 500만 원 이하의 과태료를 물게 된다.

위의 주요 내용을 보면 징역이나 벌금이란 말이 나온다. 알다시피 벌금은 죄를 지은 것에 대해 일정 금액을 국가에 납부하게 되는 형사 처벌이고 위법이며, 전과기록이 남는 것을 말한다. 과태료는 형벌의 성격을 띠지 않는 행정처분으로 행정상 질서를 위반하면 가해지는 금전벌이다. 벌금과는 달리 전과기록은 남지 않는 양심의 문제라 할 수 있다. 이렇듯 위의 근로조건을 위반하면 형사 처벌을 당하게 된다. 결코 가볍게 생각할 문제가 아니다.

2021년 달라지는 노무 이슈

주 52시간 계도기간의 종료 및 확대 적용, 유연근무제 관련 근로기준법 개정 등 2021년은 노무 관련 이슈가 많을 것으로 예상된다. 아래 중요한 변경사항 몇 가지를 설명해 보겠다.

주 52시간제로 인한 근로 시간 단축

2018년 근로시간 단축 개정 근로기준법 시행으로 1주(7일) 동안 실제 근무 가능한 최대시간이 52시간으로 정해졌다. 현장의 현실을 반영하여 해당 주 52시간제는 기업별로 적용 시기를 달리 하였는데, 50인 이상 기업은 계도기간이 종료되므로 실질적으로는 2021년 1월 1일부터는 주 52시간제를 준수해야 한다.

50인 미만 기업의 주 52시간제 적용 시점은 2021년 7월 1일이고, 계도기간 부여 여부에 대해서는 아직 정해진 바가 없으나 2021년 상반기까지는 대응방안을 마련할 필요가 있다. 30인 미만 기업에 한해 2022년 12월 31일까지 주 8시간의 추가 연장근로가 허용되어 1주 최대 60시간까지 근무가 가능하다. 따라서 주 52시간제 준수가 곤란할 것으로 예상되는 30인 미만 기업은 근로자 대표와의 서면 합의를 사전에 준비하는 방안을 통해 문제를 해결해야겠다.

근로기준법 개정안 시행

2020년 12월 9일 국회 본회의를 통과한 근로기준법 개정안에 따르면 탄력적 근로시간제 단위기간을 현행 3개월에서 최대 6개월로 확대하고, 근로시간 사전 확정 요건이 완화되었다. 현행 2주, 3개월 단위기간 제도는 유지하고, 단위기간이 3개월을 초과하고 6개월 이내인 제도가 신설되었다. 현행 근로일별 근로시간에서 주별 근로시간 사전확정으로 변경되고, 근로일별 근로시간은 2주전 통보로 변경되었으며, 천재지변, 기계고장, 업무량 급증 등 불가피한 경우 근로자대표와의 협의로 주별 근로시간을 중도에 변경 가능하다. 여기에 단위기간 확대에 따른 직원 건강 훼손 및 임금손실 방지를 위해 근로일간 11시간 연속 휴식제 및 임금보전방안 신고의무 등이 추가로 규정되었다.

탄력적 근로시간제 도입 요건은 2주 단위 탄력적 근로시간제 시행은 취업규칙 또는 이에 준하는 것에 규정이 필요하고, 3개월 이내 탄력적 근로시간제 시행에는 대상 근로자 범위, 단위기간, 단위기간 근로일 및 근로일별 근로시간, 서면합의 유효기간 등이 명시된 근로자대표와의 서면 합의가 필요하다. 3개월 초과 탄력적 근로시간제 시행에는 추가로 단위기간의 주별 근로시간에 대한 합의가 필요하다.

신상품 또는 신기술의 연구개발 업무의 경우, 선택적 근로시간제 정산시간을 현행 1개월에서 최대 3개월로 확대 시행하며,

직원 건강 보호를 위해 근로일간 11시간 연속휴식제를 의무화하였고, 임금손실 방지를 위해 정산기간 매 1개월마다 1주 평균 40시간을 초과하는 경우 가산임금을 지급해야 한다.

특별연장근로란, 법정 연장근로시간을 초과해 근로할 필요가 있는 경우 근로자 동의 및 노동부장관의 인가를 받아 근로할 수 있는 제도(근로기준법 제53조 제4항)인데, 현행 근로기준법 시행규칙 제9조4항에서는 특별연장근로 시 관할 지방고용노동관서의 장이 근로자 건강보호 조치를 지도할 수 있도록 되어 있으나, 근로기준법 개정안에서는 동법 제53조 제7항에 근로자 건강보호 조치에 대한 사용자 법적의무를 명시하였다.

30인 이상 기업 공휴일 유급휴일 의무화

관공서의 공휴일에 관한 규정상의 공휴일은 관공서에 근무하는 자에 대해서만 적용되었으나, 2018년 근로기준법 개정에 따라 일반 사기업에도 관공서 공휴일이 유급휴일로 적용되었다. 300인 이상 기업은 2020년 1월 1일부터 이미 적용되었고, 30인 이상 기업은 2021년 1월 1일부터 공휴일을 유급휴일로 부여하여야 하고, 해당일에 근무할 경우에는 휴일근로로 처리하여야 한다. 특히 법정 공휴일에 휴무하는 것을 근로자대표와의 서면 합의를 통해 연차유급휴가 사용일로 대체하여 처리하고 있었던 기업에서는 향후 해당 합의의 효력은 없어지고, 직원별 2021년 연차유급휴가 발생일수를 체크해보는 것이 필요하게 되었다.

공휴일	대체공휴일
• 일요일 • 국경일 중 3·1절, 광복절, 개천절 및 한글날 • 1월 1일 • 설날 전날, 설날, 설날 다음날(음력 12월 말일, 1월 1일, 1월 2일) • 부처님 오신 날(음력 4월 8일) • 5월 5일(어린이날) • 6월 6일(현충일) • 추석 전날, 추석, 추석 다음날(음력 8월 14일, 15일, 16일) • 12월 25일(크리스마스)	설날 연휴, 추석 연휴, 어린이날이 다른 공휴일과 겹치면(어린이날은 토요일과 중복되는 경우 포함) 해당 공휴일 다음 첫 번째 비공휴일을 공휴일로 지정

불가피한 사정으로 공휴일에 근무할 수밖에 없는 경우에는 휴일대체제도 활용도 가능하다. 즉 공휴일이 통상의 근무일이 되고, 다른 근무일이 유급휴일이 되는 휴일대체제도를 근로자대표와의 서면합의로 실시할 수 있다. 휴일대체제도를 활용하기 위해서는 근로자대표와 서면 합의, 직원에게 교체할 휴일을 특정하여 최소 24시간 전에 고지하여야 하며, 적법한 휴일대체 시 공휴일에 근무하더라도 휴일근로가 아니게 되어 휴일근로수당 지급의무는 없다.

최저임금 인상 및 산입범위 확대

2021년 최저시급은 8,720원으로 2020년보다 130원 인상되었다. 최저임금 적용 시기는 매년 1월 1일~12월 31일로 현재 최저임금을 적용받고 있는 직원은 2021년 1월부터는 최저임금에 맞게 임금을 인상시켜야 한다. 최저임금의 판단기준은 임금 총액 기준이 아닌 시급 기준으로 판단해야 한다. 임금이 일급 또는 월급으로 구성된 경우에는 시급으로 환산하여 최저임금 미달여부를 판단해야 하며, 최저임금에 미달할 경우 최저임금법 제28조에 따라 3년 이하의 징역 또는 2,000만 원 이하의 벌금에 처해질 수 있다.

최저임금법 개정에 따라 2020년부터 매년 '현금을 지급하는 복리후생비' 및 '매월 1회 이상 지급하는 정기상여금'의 일정 비율이 최저임금에 산입되고 있다. 2021년에는 최저임금 월 환산액 1,822,480원을 기준으로 정기상여금은 월 273,372원 및 현금성 복리후생비(예: 식대, 교통비, 숙박비 등)는 월 54,674원을 초과하는 금액이 최저임금 계산 시 산입된다.

| 최저임금에 포함되는 상여금과 복리후생비 기준 |

구분	산입범위
정기상여금	월 환산액의 15%를 초과하는 금액 (1,822,480원 × 15% = 273,372원)
현금성 복리후생비	월 환산액의 3%를 초과하는 금액 (1,822,480원 × 3% = 54,674원)

30인 이상 기업 근로시간 단축제도(가족돌봄 등) 적용

남녀고용평등법 개정으로 2020년 1월 1일부터 상시 300인 이상 기업에 적용된 것으로, 2021년 1월 1일부터는 상시 근로자 30인 이상 기업에도 근로시간 단축제도가 시행된다(남녀고용평등법 제22조의3)

| 근로시간 단축제도 세부 내용 |

구분	내용
신청 사유	가족의 질병, 사고, 노령 / 본인의 질병, 사고 / 은퇴 준비(55세 이상) / 학업
미부여 사유	6개월 미만 근무자, 대체인력을 채용하지 못한 경우, 업무 성격상 근로시간 분할 수행이 곤란한 경우, 정상적인 사업 운영에 중대한 지장 초래되는 경우 등
단축 기간	1년 이내, 기간 연장은 1회로 한정 다만 근로자 학업 사유를 제외하고는 추가로 2년의 범위에서 연장 가능(총 3년)
단축 시간	단축 후 소정근로시간은 주 15~30시간(단축된 근로시간은 무급)
기타	가족돌봄 등 근로시간 단축기간에는 연장근로 요구 금지. 다만 직원이 명시적으로 청구할 경우 주 12시간 이내에서 가능함
	가족돌봄 등 근로시간 단축기간도 근속기간에 포함되나 평균임금 산정기간에서는 제외됨.

가족돌봄 등 근로시간 단축제도 시행 시기는 기업별 규모에 따라 상이하다. 300인 이상 사업 또는 사업장, 공공기관은 2020년 1월 1일, 30인 이상 300인 미만 사업 또는 사업장은 2021년 1월 1일부터 시행되었다. 5인 이상 30인 미만 사업 또는 사업장은 2022년 1월 1부터 시행된다.

육아휴직 2회까지 분할 사용

육아휴직은 상시근로자 1인 이상인 기업에서 6개월 이상 근무한 직원이 만 8세 이하 또는 초등학교 2학년 이하의 자녀를 양육하기 위하여 신청하면 허용해야 하는 제도다.

기존에는 육아휴직을 1회에 한정해 나누어 사용할 수 있었으나 남녀고용평등법 개정으로 2020년 12월 8일부터는 육아휴직을 2회까지 분할해 사용할 수 있도록 변경되었다. 개정 법률 시행일 이전에 육아휴직을 하였거나 또는 현재 육아휴직 중인 직원들에게도 적용이 된다.

| 노동부 근로조건 자율점검내용 및 위반시 법률규정 |

관련 법률	점검 항목	세부 점검 내용	처벌 규정
근로기준법 제17조	서면근로계약	근로계약 체결 시 임금의 구성항목·계산방법·지급방법·소정근로시간·휴일 및 연차유급휴가는 서면으로 명시한다.	500만 원 이하 벌금
근로기준법 제17조	서면근로계약	사용자는 임금의 구성항목·계산방법·지급방법, 소정근로시간, 휴일, 연차유급휴가에 관한 사항이 명시된 서면을 근로자에게 교부하여야 한다.	500만 원 이하 벌금
근로기준법 제36조	금품청산	근로자가 퇴직하려면 14일 이내에 임금 등 일체의 금품을 지급하며, 특별한 사정이 있는 경우 근로자와 합의하여 지급기일을 연장한다.	3년 이하 징역 또는 3,000만 원 이하 벌금
근로기준법 제42조	계약서류 보존	근로자 명부와 근로계약서, 임금대장, 임금의 결정·지급방법·임금계산의 기초에 관한 서류, 고용·해고·퇴직에 관한 서류, 승급·감급에 관한 서류, 휴가에 관한 서류는 3년간 보존해야 한다.	500만 원 이하 과태료
근로기준법 제43조	임금 지급	임금은 매월 1회 이상 일정한 날짜를 정하여 통화로 직접 그 전액을 지급한다.	3년 이하 징역 또는 2,000만 원 이하 벌금

근로기준법 제50조	근로시간	근로자의 소정근로시간은 휴게시간을 제외하고 1주 40시간, 1일 8시간을 초과하지 않는다.	2년 이하 징역 또는 2,000만 원 이하 벌금
근로기준법 제54조	휴게시간	근로시간이 4시간인 경우에는 30분 이상, 8시간인 경우에는 1시간 이상의 (근로자가 자유롭게 이용할 수 있는) 휴게시간을 근로시간 도중에 주어야 한다.	2년 이하 징역 또는 2,000만 원 이하 벌금
근로기준법 제55조	휴일	사용자는 근로자에게 1주에 평균 1회 이상의 유급휴일을 보장하여야 한다.	2년 이하 징역 또는 2,000만 원 이하 벌금
근로기준법 제56조	연장야간 및 휴일근로	사용자는 연장근로(제53조·제59조 및 제69조 단서에 따라 연장된 시간의 근로를 말한다)에 대하여는 통상임금의 100분의 50 이상을 가산하여 근로자에게 지급하여야 한다.	3년 이하 징역 또는 3,000만 원 이하 벌금
근로기준법 제60조	연차 유급휴가	사용자는 1년간 80% 이상 출근한 근로자에게 15일의 유급휴가를 주어야 하며, 사용자는 계속하여 근로한 기간이 1년 미만인 근로자 또는 1년간 80% 미만 출근한 근로자에게 1개월 개근시 1일의 유급휴가를 주어야 한다.	2년 이하 징역 또는 2,000만 원 이하 벌금
근로기준법 제93조	취업규칙의 작성 신고	상시 10명 이상의 근로자를 사용하는 사용자는 다음 각 호의 사항에 관한 취업규칙을 작성하여 고용노동부장관에게 신고하여야 한다. 이를 변경하는 경우에도 또한 같다.	500만 원 이하 과태료
최저임금법 제6조	최저임금	근로자에게 최저임금액(2021년 기준 8,720원) 이상의 임금을 지급한다.	3년 이하 징역 또는 2,000만 원 이하 벌금
남녀고용평등과 일·가정 양립지원에 관한 법률 제13조	직장내 성희롱 예방교육	사업주는 근로자에게 연 1회 이상 직장 내 성희롱 예방교육을 실시하여야 한다.	500만 원 이하 과태료
근로자퇴직급여 보장법 제9조	퇴직금의 지급	사용자는 근로자가 퇴직한 경우에는 그 지급 사유가 발생한 날로부터 14일 이내에 퇴직금을 지급하여야 한다. 다만 특별한 사정이 있는 경우에는 당사자 간의 합의에 따라 지급기일을 연장할 수 있다.	3년 이하 징역 또는 2,000만 원 이하 벌금
기간제 및 단시간근로자 보호 등에 관한 법률 제17조	기간제 및 단시간 근로자 서면 근로계약	기간제 근로자 또는 단시간 근로자와 근로계약 시 근로조건을 서면으로 명시한다.	500만 원 이하 과태료

국세청은 왜 절세 방안으로
법인전환을 권할까

급변하는 개인사업자의 세무 환경

최근에 가장 컨설팅을 많이 하는 분야가 개인사업자 법인전환이다. 대부분의 사장님들은 법인으로 사업하는 것보다 개인사업자로 사업을 하는 것을 선호하고 좋다고 여긴다. 그런데 왜 이렇게나 법인전환이 증가하고 있을까? 그 이유는 세무환경의 변화에서 찾을 수 있다.

식당을 다니다 보면 세워져 있는 배너광고를 간혹 본 기억이 있을 것이다. 카드 8,000원, 현금 7,000원. 컨설팅을 하는 내 입장에서 보면 참 안타깝다. 무엇을 의미하는지도 모르고 버젓이 광고를 하고 있으니 말이다. 저 광고의 숨은 의미는 카드매출은 세무서에 매출로 신고를 하고, 현금매출인 7,000원은 매출신고를 누락해서 탈세를 하겠다고 공공연히 드러내고 있는 것이다.

이렇듯 개인사업자 사장님들은 과거 매출신고를 누락하며 부가세도 소득세도 탈루해왔다. 그리고 세금신고 시에도 가공 경비를 만들어 또 세금을 줄여왔다. 그렇지만 시대의 변화와 맞물려 정부는 재정 확대와 함께 그 재원이 되는 세금을 많이 필요로하게 되었다. 그래서 이런 과거의 세금탈루 관행을 방지하는 여러 대책을 내놓고 있다.

매출누락에 대해서는 신용카드·현금영수증 제도, 신용카드 소득공제 제도, 현금영수증 미발행에 대한 높은 벌금 부과, 개인사업자에 대한 전자 세금계산서 제도 확대 등으로 방지하고 있고, 적격증빙 확인제도를 통해 가공경비를 찾아내고 있고, 성실신고확인제도, PCI제도, FIU 보고거래의 확대 및 세무조사에의 활용 등의 장치를 통해 과거처럼 쉽게 세금탈루를 하지 못하도록 하고 있다.

성실신고확인제도

성실신고확인제도란 연간 매출액이 업종별로 다음 표의 금액 이상인 개인사업자는 종합소득세 신고 시 세무사에게 세무신고

업종	기준수입금액
농림어업, 도·소매업, 부동산매매업 등	15억 원
제조업, 숙박업, 음식업, 건설업, 운수업, 폐기물처리업 등	7.5억 원
부동산임대업, 전문·과학·기술서비스업, 사업지원서비스업 등	5억 원

| 성실신고 확인 내용 |

지출 비용 적격 여부	• 적격증빙 없는 비용 • 적격증빙 미수취 사유 • 장부상 거래액과 증빙 금액의 일치 여부
인건비, 교통비, 차량유지비	• 배우자 등 실제 근무 여부 • 일용직 등 가공 인건비 • 가족 등 명의의 통신비 • 업무용 차량 사용 여부
접대비, 이자 비용, 복리후생비	• 개인적 경비로 사용 여부 • 차입금 사업 목적 사용 여부 • 개인적 지출 복리후생비 여부
감가상각비, 건물관리비	• 비업무용자산 및 가공자산에 대한 감가상각비 계상 여부 • 비업무용 건물에 대한 관리비 비용 처리 여부
수입 금액 관련	• 매출증빙, 부가가치세 신고서 검토 • 차명계좌에 입금된 수입금액 누락 여부 • 업종별 비보험항목 및 성공 보수

의 적정성(매출누락, 사업무관비용처리 불가 등)을 확인받은 확인서를 제출해야 하는 제도다. 과거처럼 가공경비 처리나 매출누락 등이 어렵게 되었다.

성실신고확인 대상이 되면 세무대리인(기장세무사)이 허위 확인 시 징계(세무사면허취소)를 받기 때문에 사업자의 소득률을 높여서 신고하기에 세금부담이 증가한다. 추후 성실신고확인 대상자를 중심으로 실제로 성실신고를 하였는지에 대한 검증이 있을 가능성이 높아서 세무조사의 위험도 증가한다.

성실신고에 대해서는 추가적으로 첨부하는 자료가 많아 일반적으로 세무대리인이 추가 수수료를 요구하기도 한다. 말 그대로 성실하게 세무신고를 하지 않으면 불이익(?)을 주겠다는 제도가 성실신고확인제도다. 이런 엄격한 제도로 인해 불경기임에도 불구하고 신설 법인수가 증가하고 있는 것이다.

국세청에서도 권하는 개인기업의 법인전환

개인사업자를 법인전환하면 여러 가지 장점이 있다. 가장 먼저 생각해볼 수 있는 것은 사업소득에 대한 절세라고 할 수 있다. 우리나라 소득세율과 법인세율은 다음 표와 같다(지방소득세 10% 생략).

다음 페이지에 나와있는 표에서 알 수 있듯이 종합소득세는 지방소득세와 4대보험(국민연금, 건강보험, 고용보험, 산재보험) 부담까지 감안하면 최대 수입의 절반가량을 과세하고 있다. 그에 비해 대부분 중소기업들의 법인세율은 10% 구간에 해당한다. 개인사업자는 CEO의 급여나 상여, 배당금, 퇴직금 등도 인정하지 않으며 소득의 유형을 구분할 수 없기에 매출에서 비용을 제외한 순

과세표준(순이익)	세율
1,200만 원 이하	6%
1,200만 원 초과~4,600만 원 이하	15%
4,600만 원 초과~8,800만 원 이하	24%
8,800만 원 초과~1.5억 원 이하	35%
1.5억 원 초과~3억 원 이하	38%
3억 원 초과~5억 원 이하	40%
5억 원 초과~10억 원 이하	42%
10억 원 초과	45%

| 법인세율 | 2021년 기준

과세표준(순이익)	세율
2억 원 이하	10%
2억 원 초과~200억 원 이하	20%
200억 원 초과~3,000억 원 이하	22%
3,000억 원 초과	25%

이익에 대해서 높은 종합소득세를 부담하게 되지만, 법인사업자는 소득의 유형을 구분해서 가져갈 수 있고, 개인에서는 안 되는 여러 가지 절세 포인트가 있다.

   첫째, 개인에서는 비용처리가 안 되는 CEO의 급여에 대해서도 근로소득세를 부담하고 비용처리가 되어 법인세를 감소할 수 있고, 주주 개인별로 연간 2,000만 원 이하의 배당소득에 대해서는 15.4%로 원천징수하고 과세가 종료된다. 그리고 개인에서는 인정하지 않는 퇴직소득에 대해서도 여러 공제 적용을 통해 근로소득 대비 많은 소득 절세가 가능하다.

둘째, 영업권 양도를 통한 절세가 가능하다. 영업권이란 기업이 다른 동종의 업종에 비하여 가지는 초과 수익력을 말하는데, 개인 기업을 법인전환하는 과정도 개인이 신설법인에게 사업을 양도하는 계약이므로 순자산가액과는 별도로 영업권을 평가하여 대가를 수령할 수 있다. 이때 영업권의 양도대가는 기타소득에 해당하며, 수령한 대가의 60%를 필요경비로 공제하여 실질적으로 개인소득세를 절세할 수 있으며, 이에 대해 법인에서도 5년간 감가상각처리를 할 수 있어 법인세 또한 절세가 가능하다.

급여 5억 원
세금 부담
→ 소득세 2억 3,100만 원

영업권 5억 원
세금 부담
→ 소득세 4,400만 원
(필요경비 60%)

급여소득과 비교해 단순 계산해서 소득세를 1억 8,700만 원 절세할 수 있다.

셋째, 성실신고 확인제도를 회피할 수 있다. 앞에서 설명했듯이 성실신고 대상 기업은 여러 의무를 가져야 하고 추가 비용도 부담하게 된다.

넷째, 법인의 대표이사만의 세무적 장점이 있다. 급여·상여 등 정관규정에 의한 임원보수제도를 활용할 수 있고, 실효세율

약 10~24%의 낮은 퇴직소득세율과 준조세 부담이 없는 퇴직금 제도의 활용, 순직 등 유족보상 조건 충족 시 비과세되는 유족보상금, 법인의 주주로서 준조세 부담이 없는 주식의 양수도 세율 약 22.5%, 가업승계 및 가문승계를 위한 자산과 소득의 사전분산 등 세무적인 장점을 생각해볼 수 있다.

이 4가지 주요 장점 이외에도 대외신용도 증가, 주주의 유한 책임, 자본의 증가 용이, 사업의 양수도 용이(주식양도), 사업의 안정적 승계 등의 많은 장점을 가지고 있다. 국세청에서도 사업자의 절세 방안으로 법인전환을 강조하고 있다.

개인사업자 법인전환의 방법

법인전환의 방법으로는 부분사업양수도방식, 포괄사업양수도방식, 세감면 포괄사업양수도방식, 세감면 현물출자방식, 중소기업통합방식 등의 방법이 있다.

부분사업양수도 방식

기존의 개인 사업을 유지하면서 설립된 신설 법인에 자산의 일부와 부채를 양도해 개인사업과는 별도의 법인 사업을 설립하는 방식인데, 자금 부담이 적고 과정이 간편해 가장 손쉽게 이용하는 방식이다. 일반적으로 개인 사업장과 동일한 주소에 신설 법인의 사업장을 추가로 등록하기 때문에 법인 사업자 등록 신청시 위장 사업장인지 여부를 확인하기 위하여 사업장 실사를 나올 수 있으며 제조업의 경우 생산시설을 보유하고 있지 않은 경우 등록이 거부될 수도 있다.

포괄사업양수도 방식

개인사업과 관련한 일체의 권리·의무를 신설 법인에 포괄적으로 양도하여 사업의 주체를 법인으로 변경하는 방식이다. 부분사업양수도 방식과 마찬가지로 자금 부담이 적고, 과정이 간편하여 비교적 손쉽게 이용한다. 부가가치세법에 따른 사업포괄양수도에 해당하는 경우 부가가치세가 면제된다.

세감면 포괄사업양수도 방식

포괄사업양수도 방식 중 조세특례요건을 충족하면서 법인으로 변경하는 방법이다.

개인사업의 부가가치세 면제, 양도소득세가 이월과세되며 법인은 취득세 감면을 받을 수 있다. 다만 전환대상 개인사업의 순자산가액 이상의 현금출자가 있어야 하기 때문에 순자산액이 너무 크면 자금 부담으로 실행하기 어렵다.

개인사업에서 공제받지 못한 세액감면·세액공제 금액이 존재하는 경우 법인에서 승계해 공제 가능하다. 이월과세, 세액감면 승계 등은 필요하고, 현금출자로 신설법인을 만드는 것이 가능한 경우에 사용된다.

세감면 현물출자 방식

조세특례요건을 충족하면서 개인사업의 자산·부채를 신설법인에 현물로 출자함으로써 사업의 주체를 법인으로 전환하는 방법이다.

개인사업의 부가가치세 면제, 양도소득세가 이월과세되며, 법인은 취득세 감면을 받을 수 있다. 회계감사인의 보수 및 감정평가수수료 등의 법인전환 비용이 타 방법에 비하여 많이 발생하고 절차가 가장 복잡하다.

부동산이 많고 양도소득세 부담이 클 경우에 주로 사용한다. 개인사업에서 공제받지 못한 세액감면 / 세액공제 금액이 존재하는 경우 법인에서 승계하여 공제 가능하다.

중소기업통합방식

둘 이상의 기업체를 하나의 기업체(반드시 법인기업)로 통합하는 방식으로 법인전환하는 방법이다. 개인 간 통합이나 개인과 법인간의 통합도 가능하다. 단, 법인기업은 반드시 설립 후 1년이

구분		부분 양수도	포괄 양수도	세감면 포괄 양수도	세감면 현물출자	중소기업 통합
개인	부가가치세	과세	면제	면제	면제	면제
	양도소득세 (지방소득세 포함)	과세	과세	이월과세	이월과세	이월과세
법인	법인설립등록세 (지방교육세 포함)	과세	과세	과세	과세	과세
	부동산취득세 (지방교육세 및 농어촌특별세 포함)	과세	과세	면제	면제	면제
	차량 등 등록세	과세	과세	면제	면제	면제
	취득세감면에 대한 농어촌특별세	해당사항 없음	해당사항 없음	과세	과세	과세

경과한 법인이어야 한다.

개인사업의 부가가치세 면제, 양도소득세가 이월과세되며 법인은 취득세 감면을 받는다. 회계감사인의 보수 및 감정평가수수료 등의 법인전환 비용이 많이 발생하고 절차가 복잡하며 세감면을 적용받기 위한 요건이 까다롭다. 개인사업에서 공제받지 못한 세액감면·세액공제 금액이 존재하는 경우 법인에서 승계해 공제 가능하다. 주로 기존에 존재하는 사업 간에 통합할 필요가 있는 경우로서 부동산에 대한 현물출자가 필요한 경우에 사용한다.

법인전환 방식 선택 시 기준

　법인전환의 방식을 선택할 때는 기본적으로 부동산의 유무에 따라 고민의 방향이 달라진다. 법인전환 방식을 선택할 시 어떤 기준으로 방향을 잡고 선택해야 하는지를 도식화하면 다음과 같이 정리할 수 있다.

| 개인사업자 법인전환 방식의 선택 기준 |

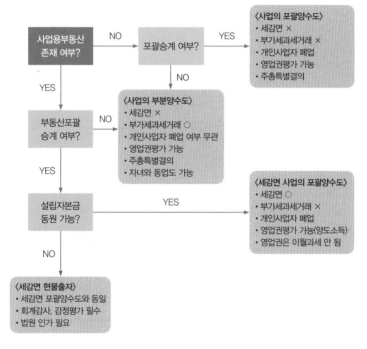

비상장주식 가치평가 잘못하면
기업이 위태로워진다

회사의 성장에 따라 주식 가치가 변한다

중소기업이 성장함에 따라 가장 골치 아프고 문제가 되며, 많이 다루는 테마가 바로 주식이다. 상장기업은 매일 주식시장에서 시가가 정해지고 그 시가에 따라 거래가 이루어진다. 이와 달리 비상장주식은 현실적으로 특별한 경우를 제외하곤 거래가 이루어지지 않는 관계로 시가를 알 수 없고, 상속세 및 증여세법상의 보충적 방법으로 비상장주식가치를 평가하고 있다.

간혹 이런 내용을 잘 모르고 별 생각 없이 그냥 액면가로 주식을 거래하고 나중에 세무서에서 연락을 받고 추가로 양도세나 증여세 그리고 가산세까지 납부하는 경우를 자주 보곤 한다. 중견기업 이상의 규모가 되는 법인들은 자체적으로 관리하고 있겠지만, 중소기업의 경우는 이런 일이 흔히 발견되곤 하는데 참 안타까운 일이다.

법인을 설립할 때 보통 액면가 5,000원으로 창업을 하는데, 회사를 매년 경영하여 법인이 성장하거나 쇠퇴함에 따라 자연스레 주식가치가 변하게 된다. 과거와는 달리 CEO들이 주식을 활용한 재산의 이전이나 EXIT(법인자금의 인출) 등 많은 정보를 알게 됨에 따라 주식을 활용하여 자신의 문제를 해결하고 있다.

차명주식, 자기주식, 이익소각, 주식양도제한, 소수주주권, 주식매수선택권, 차등배당 등 현재 법인 관련 복잡한 문제 대부분이 주식에 관한 것이다.

비상장주식 가치평가에 따라 거래되는 비상장주식의 가치가 달라지고, 그에 따른 양도세나 증여세가 달라지므로 비상장주식 가치평가의 적절성 여부에 세무서는 많은 관심을 가지고 있다. 그리고 잘못된 주식가치에 대한 소명 요청과 함께 또 다른 세무조사로 이어질 수 있는 위험도 있다. 양도세나 증여세를 조금 줄이려다 생각지도 못했던 위험에 처할 수도 있으니 비상장주식에 대한 정확한 평가와 합법적인 거래가 필수적이다.

비상장주식 가치평가 방법

기본적으로 비상장법인의 세무상 주식가치는 회사의 수익 창출 능력에 근거한 '순손익가치'와 재무상태에 근거한 '순자산가치'를 3:2로 가중 평균하여 평가한다. 쉽게 표현하면 '1년에 얼마나 벌 수 있는 회사인가'와 '지금 현재의 재무상황은 어떠한가'를 동시에 고려하여 계산한다는 의미이다.

세무상 주식가치는 다음 산식에 따라 계산된다.

세무상 주식가치 = {(1주당 순손익가치 × 3) + (1주당 순자산가치 × 2)} / 5

가령 A 법인의 1주당 순손익가치가 10,000원, 1주당 순자산가치가 15,000원이라 가정하면, 세무상 1주당 주식가치는 12,000원이 된다.

그러나 회사의 자산총액 중 토지, 건물 등 부동산의 비율이 50% 이상인 '부동산 과다법인'은 회사의 가치가 대체로 그 부동산들로부터 비롯된다. 이 경우에는 순자산가치에 더 비중을 두어 다음과 같이 평가한다.

부동산 과다법인 주식가치 = {(1주당 순손익가치 × 2) + (1주당 순자산가치 × 3)} / 5

따라서 위에서 예를 든 A 법인이 이 부동산 과다법인에 해당될 경우 주식가치는 13,000원으로 평가된다.

일반적인 위의 두 경우와 달리 다음과 같은 법인은 예외적인 평가를 한다.

- 부도가 발생하여 청산 중에 있는 법인
- 지속적으로 결손이 발생하여 망하기 직전인 법인
- 휴·폐업 중이라 식물인간과 비슷한 상태의 법인
- 사업을 시작한 지 3년 미만의 법인

이런 법인들은 순손익가치에 큰 의미를 부여하기 곤란하므로 예외적으로 '순자산가치'로만 주식가치를 평가한다. 위의 A 법인을 순자산가치로만 평가하면 1주당 주식가치는 15,000원이 된다.

비상장주식의 양수도 거래

상장주식은 실시간으로 컴퓨터나 핸드폰으로 시가 조회나 거래가 가능하다. 따라서 상장주식의 거래를 위해서 시가를 알기 위한 노력을 기울이거나 주식거래에 따른 양도소득세나 증권거래세에 대해서도 신경을 쓸 필요가 없다.

상장주식의 경우 실시간으로 시가가 정해지지만 비상장주식의 시가는 그렇지 않다 보니 세무상의 평가를 받지 않고 그냥 액면가액으로 거래하는 경우가 종종 있다. 간혹 "액면가로 거래했음에도 아무런 문제가 없었다"고 큰소리를 치는 사장님을 볼 수 있는데, 이 경우는 그 주식의 평가액이 액면가를 넘지 않았거나 거래된 주식의 가액이 소액이어서 과세 관청에서 손을 대지 않은 것이라고 생각하면 된다. 만약 그 주식의 평가액이 액면가액과 상당한 차이가 있고 거래 금액이 적지 않았다면 세무서에서 반드시 연락을 했을 것이고, 해당 업체는 세무상 여러 가지 낭패를 보았을 것이다.

중소기업의 주식 거래는 대부분이 특수관계인 간의 거래이므로 세무서는 이런 거래를 예의 주시를 하고 있다.

특수관계인 간의 주식거래

특수관계인 간의 주식거래에 있어 시가와 양수도 대가와의 차액이 3억 원을 초과하거나, 동시에 그 차액의 비율이 시가 대비 30% 이상일 경우에는 증여세를 과세한다.

증여금액 = 시가와 대가와의 차액 − Min(시가×30%, 3억 원)

이해를 돕기 위해 예를 하나 들어보자. 자본금 10억 원, 1주당 액면가 5,000원의 주식회사 A가 있다. 이 회사의 대표이사인 홍길동 사장은 창업 때부터 회사 주식의 40%(액면가 4억 원)의 지분을 보유 중이다. 창업 때부터 같이 한 2대 주주이자 임원인 임꺽정이 건강상 이유로 은퇴를 결정함에 따라 그가 보유하고 있던 주식 20%(액면가 2억 원)를 협의하에 액면가로 인수하기로 하고 대금을 지급하였다.

그러나 주식회사 A의 세무상 주식가치평가는 1주당 1만 원으로 액면가의 2배에 달했다. 외형적으로는 액면가 거래를 했기에 양도차익이 발생하지 않았으므로, 홍길동 사장은 비상장주식에 대한 양도소득세 신고를 하지 않았고, 증권거래세 100만 원(=2억 원 × 0.5%)만 신고, 납부하였다. 그리고 홍길동 사장은 이러한 사실을 경리팀장에게도 알리지 않았기 때문에 결산 시 '주식 등 변동상황명세서'에 이 거래를 누락하였다.

이러한 경우에 발생할 일을 한번 얘기해보자. 주식회사 A가 해당년도에 결손이 발생하여 법인세 산출세액이 없다손 치더라도 거래된 주식 액면가액(2억 원)의 2%인 400만 원을 '주식 등 변동상황명세서' 미제출 가산세를 부담해야 한다. 그리고 홍길동 사장은 특수관계인으로부터 시가보다 50%나 싼 가격에 주식을 인수하였음에도 증여세를 신고 및 납부하지 않았으므로 증여세와 신고 및 납부불성실 가산세까지 부담해야 한다. 여기에다 주식을 양도한 임꺽정 임원은 특수관계인에 해당하는 홍길동 사장에게 현저하게 싼 가격으로 주식을 양도하였으므로 세무상 부당행위로 간주되어 시가를 기준으로 양도소득세와 가산세를 납부해야 하며, 증권거래세도 시가를 기준으로 다시 계산하여 납부해야 한다.

여기서 시가는 4억 원이고 그 대가로 지불한 금액은 2억 원이므로 양수도 시가와 대가의 차액은 2억 원이다. 3억 원에는 미달하지만 그 차액의 비율이 시가 대비 50%(=2억 원/4억 원)에 해당하므로 증여세 과세대상이 된다.

증여금액을 계산해보면 다음과 같다.

증여금액 = 2억 원 − Min(4억 원 × 30%, 3억 원)

= 2억 원 − 1억 2,000만 원 = 8,000만 원

특수관계인이 아닌 자 간의 주식거래

과거에는 특수관계인 간의 저가·고가 양수도 거래에만 증여로 의제하여 과세하였는데, 현재는 쌍방이 특수관계인이 아니더라도 거래 관행상 정당한 사유 없이 시가보다 현저히 낮거나 높은 가액으로 재산을 양수도한 경우에는 증여성 거래로 추정하고 있다.

현저히 높고 낮음의 판단은 시가와 대가의 차이의 비율이 '시

가 대비 30% 이상'을 기준으로 하며, 여기에 해당될 경우 증여금액은 3억 원을 공제하여 계산한다.

특수관계인이 아닐 경우 증여금액 = 시가와 대가와의 차액 − 3억 원

예를 들어 시가 20억 원에 상당하는 비상장주식을 10억 원에 특수관계인이 아닌 자에게 양도했다면 시가와 대가와의 차액이 10억 원이고, 그 차액이 시가에서 차지하는 비율이 50%가 되므로 증여에 해당된다. 이때 증여로 추정하는 금액이 7억 원(= 10억 원 − 3억 원)이 된다는 말이다.

특허권은
만능해결사

무형자산이 중요한 시대

앞에서 기술한(신용평가구조를 알면 기업신용도가 올라간다) 내용에서 지금은 과거와 달리 매출액이나 순이익 등의 재무적인 부분뿐만 아니라 눈에 보이지 않는 비재무적인 부분, 예를 들면 특허나 인증이나 기술력, 신용도, 평판 등이 중요한 세상이 되었다고 하였다. 기업신용등급을 평가함에 있어서도 이러한 비재무적 부분에 대한 평가가 큰 비중을 차지하고 있다.

긍정적으로 생각해 보면 과거처럼 무조건 매출액이 큰 대기업만 우대를 받는 세상이 더 이상 아니고, 규모가 작은 중소기업도 기술이나 특허 등의 무형자산이 있으면 좋은 평가를 받고 여러 지원을 받을 수 있다는 의미가 된다. 우리나라도 몇 년 전부터는 기술보증기금 등에서 특허기술평가를 통해 자금지원도 하고 있는 등 좋은 기술과 특허는 부동산 담보와 동일한 효과를 가져다줄 수 있다. 실제로 경쟁력 있는 기술과 특허를 가진 업체가 높은 가격에 대기업에 M&A가 되었다는 뉴스를 가끔 접하기도 한다.

몇 년 전부터 여러 채널에서 오디션 프로그램을 진행하는데 작곡가나 작사가가 매년 수십억 원의 저작권료를 받고 있다는 얘길 듣곤 한다. 바야흐로 무형자산이 중요한 시대가 되었다.

이러한 무형자산의 대표선수로 생각할 수 있는 것이 바로 특허권이다. 특허라고 하면 일반적으로 자신의 기술을 보호하고, 타인이나 경쟁사가 자기의 기술을 모방이나 사용할 수 없도록 하기 위함이 원초적인 목적이었다. 이러한 고유의 목적은 물론 지금은 재무적인 목적으로도 특허를 활용할 수 있다.

제대로 된 고민과 경험의 결과로 가치가 있는 특허를 만들면 위에서 말한 자금지원도 받을 수 있고, 자본금으로 출자도 가능하다. 또한 가지급금의 해결을 위한 방법으로도 사용 가능하고, 회사에 매각을 해서 절세의 수단으로도 활용할 수 있다.

특허를 내 회사에 팔 수 있다

내가 CEO로 있는 법인은 법인격을 갖춘 하나의 인격체로, 비록 내가 사장이어도 그 법인에서 급여를 받는 직원이라 생각해볼 수 있다. 그러므로 CEO가 각고의 노력과 고민의 결과로 만들어낸 특허는 CEO 개인의 소유이고, 제3자에게 이를 양도할 수 있듯이, 내가 CEO로 있는 법인에도 팔 수 있다. 이건 CEO뿐만 아니라 직원도 마찬가지로 회사에 본인의 특허를 양도하거나 직무발명보상제도 등의 제도를 활용해 보상을 받을 수 있다.

| 특허권 양도에 따른 절세 효과 |

구분	CEO	법인
세무처리	산업재산권 대가를 기타소득으로 인식	산업재산권을 무형자산으로 인식하여 7년간 상각을 통해 비용처리
절세효과	특허가치의 60%를 필요경비(비용)로 인정함으로써 소득세 절세	비용 처리를 통한 법인세 절세

절세효과 예시	• 소득세 절세액(특허 5억 원 기준)
	– 5억 원을 상여처리 시
	  5억 × 44% = 2.2억 원 소득세
	– 5억 원을 특허처리 시
	  {5억 원 – (5억 원 × 60%)} × 22%
	  = 0.44억 원 소득세
	  → 1.76억 원가량 소득세 절세
		• 7년간 법인세 절세액
		  5억 원 × 22% = 1.1억 원 절세

위 표의 내용대로 CEO가 자신의 특허를 5억 원에 자기 회사에 양도를 했을 경우, CEO 개인이 5억 원을 상여금으로 받았다고 가정하면 5억 원의 44%인 2억 2,000만 원을 소득세로 내야

한다. 하지만 특허양도에 따른 기타소득은 60%를 필요경비로 인정을 해주므로 5억 원의 40%에 대해서 22%의 기타소득세인 4,400만 원만 납부하면 된다. 따라서 개인소득세를 1억 7,600만 원을 절세할 수 있다. 법인 입장에서는 CEO개인에게 지급한 5억 원의 특허 양수대금을 7년간 감가상각으로 비용처리를 하니 1억 1,000만 원의 법인세를 절세할 수 있다.

특허의 재무적인 활용

위에서 말한 소득세와 법인세의 절세뿐만 아니라 CEO의 여러 가지 고민을 해결해줄 수 있는 솔루션으로 특허를 활용할 수도 있다. 자본비율이 좋지 않아 자본금 증자가 필요한 회사의 경우 특허가치를 평가받아 자본금으로 출자할 수 있고, 가지급금 정리와 가업승계에도 활용할 수 있다. 그리고 직무발명보상제도에도 활용할 수 있다. 이처럼 특허는 기업 경영의 많은 부분에 활용이 가능하다.

이와 같은 내용은 특허권뿐만 아니라 디자인권, 상표권 등에도 동일하게 적용 가능하다. 향후 무형자산의 가치는 점점 더 확대되고 높아질 것이다. 따라서 CEO는 무형자산의 관리에도 관심을 가져야 한다.

핵심 임직원이
경쟁력이다

핵심 직원 관리는 CEO의 임무

현장에서 만날 수 있는 중소기업은 대부분 상시 근로자가 10인 이하가 많다. 조금 크다고 하면 30인 이하의 규모가 대부분이다. 그리고 대부분은 단순 노무 종사자가 많고 소수의 핵심 직원이 중심이 되어 회사가 돌아가고 있다.

가끔 신문에서 중국이 우리나라 중요한 전자회사의 핵심인력을 큰돈을 줘서 스카우트를 한다거나, 현대자동차가 독일계 자동차업체의 유명 디자이너를 부사장으로 영입했다는 기사를 접하게 된다. 그리고 실제로 몇 년간 이 회사는 디자인 측면에서 눈에 띄는 변화와 성장을 하고 있다고 소비자의 한 사람으로 느끼며, 핵심 인력 한사람의 역량과 위력이 대단하다는 것을 새삼 알게 되기도 한다.

하물며 중소기업이야 말해 무엇 하겠는가? 대부분은 CEO 한 사람의 노력으로 연구개발과 생산, 판매, 관리가 이루어지고 있지만, 창업 초기부터 함께한 직원이나 좋은 역량을 가진 핵심 직원이 있기 마련이다. 이런 직원이 퇴사를 하거나 이직을 하면 회사에 큰 손실이 있게 된다. 혹시나 경쟁사로 이직을 하면 사업이 기로에 설 수도 있으니 CEO에게는 핵심 인력 관리가 또 하나의 중요한 임무가 된다.

동기부여의 방법

중소기업은 여건상 모든 임직원에 대해서 충분한 보상을 하기가 힘들다. 그렇지만 기업의 유지와 성장을 위해서는 핵심 인력에 대해서 동기부여를 할 수 있는 방법을 고민해야 하고 실행함으로써 직원들에게 애사심과 주인의식을 갖도록 할 수 있다.

동기부여 방법으로 스톡그랜트, 스톡옵션, 퇴직금배수제도, 유족보상금제도, 직무발명보상제도 등을 생각해볼 수 있다.

스톡그랜트(Stock Grant)

스톡그랜트는 회사의 주식을 핵심 직원에게 직접 주는 인센티브 제도이다. 회사의 주식을 받기 때문에 직원으로 하여금 주인의식을 가지고 본인이 핵심 인력이라는 자부심을 갖게 만들수 있다. 그리고 당장 현금 지출이 없이도 동기부여 및 성과 보상이 가능하다는 장점이 있다.

스톡옵션(Stock Option)

과거에 동양시멘트(주) 기획실에 다니다 다른 회사로 이직을해 스톡옵션을 받았던 기억이 있다. 당시 스톡옵션을 실행해 많은 돈을 벌었던 직원들도 꽤 있었다.

스톡옵션이란 핵심 임직원에게 정해진 기간(행사기간)에 미리 정한 금액(행사가액)으로 자기 주식 또는 신주를 회사로부터 매수할 수 있는 권리다. 주식을 바로 지급하는 스톡그랜트와 달리 스톡옵션은 회사로부터 주식을 낮은 가격에 매수할 권리를 받는다.

스톡옵션은 회사의 지분을 낮은 가격에 살 수 있는 권한을 얻고 회사가 성장하면서 그 성장에 따른 이익을 함께 나눌 수 있다는 장점이 있다. 회사 입장에서는 당장 주식이 이동하는 것도 아니고, 직원이 중도에 퇴사할 경우 주식을 회수하는 데도 문제가없다. 이런 장점으로 인해 창업 초기의 벤처기업이 주로 많이 이용한다.

퇴직금배수제도

퇴직금배수제는 핵심직원이 장기근속 시 근로기준법상의 퇴직금보다 더 높은 지급배수를 적용하여 퇴직금을 지급하는 제도이다. 장기근속을 할수록 더 많은 혜택을 받을 수 있으므로 임직원에게 회사를 오래 다니면 노후가 보장된다는 신뢰를 줄 수 있어 핵심 직원의 장기근속에 도움이 된다.

유족보상금제도

유족보상금제도는 임직원이 업무상 재해가 발생했을 경우 유가족에게 보상금을 지급해 가족의 생계를 대비할 수 있도록 하는 제도이다. 일반적으로 업무상 사망의 경우 평균 임금의 1,300일치를 지급하도록 하며, 업무외 사망의 경우 평균 임금의 1,300일치의 절반가량을 지급하도록 제도를 만들어둔다.

이런 보상금과 장의비까지 포함하면 평균 연봉의 3배 이상의 유족보상금이 되므로 유가족들에게 큰 도움이 될 수 있다. 핵심 직원들 입장에서는 회사가 만일의 경우 내 가족을 책임져준다는 애사심과 소속감을 가질 수 있다.

직무발명보상제도

직무발명보상제도는 임직원이 직무상 발명하는 특허나 기술에 대해 적절한 보상을 해주는 제도이다. 핵심 직원 입장에서는 주인의식을 가지고 회사의 성장을 위한 창의적인 아이디어와 기술을 만들 수 있으며, 회사 입장에서도 핵심인력에 대한 동기부여의 주요한 수단과 세액공제를 통한 법인세 절감에도 활용할 수 있는 좋은 제도이다.

복리후생제도 마련

기타 비과세 항목을 활용한 복리후생제도들이 있다. 대표적으로 사택 제공, 차량 지원이나 교통비 지급, 직원의 자기계발을 위한 교육비 지원, 법인카드 사용, 헬스클럽 회원권 등의 제도를 활용함으로써 핵심 임직원이 주인의식을 가지고 장기근속할 수 있도록 할 수 있다.

CEO의 퇴직금
어떻게 준비할까

CEO도 퇴직금이 필요하다

　정부나 노동부에서 과거에 비해 점점 근로자들의 권리나 복지에 대해서 강조하고, 입법을 통해 또 고용 점검을 통해 압박을 하고 있다 보니 직원들의 퇴직금에 대해서는 대부분의 중소기업들이 퇴직연금을 통해서든 어떤 형식으로든 준비를 해나가고 있다.

　하지만 늘 직원들의 급여나 고정비 지출 등에 부담을 느끼는 중소기업의 CEO 입장에서는 정작 자신의 퇴직금에 대해서는 별 준비가 없는 게 현실이다. CEO도 생계를 함께하는 가족이 있고, 언젠가는 은퇴를 하게 되므로 CEO도 은퇴자금이 필요하다. 이제는 100세 시대를 살아가야 하므로 은퇴 이후에도 현업에 있을 때와 비교해서 적지 않은 비용이 지출된다.

은퇴 후 필요한 비용은 크게 3가지로 나눌 수 있다.

- 생활비: 부부가 모두 생존해 있는 기간과 배우자 사망 후에 혼자 살아가는 기간을 모두 고려해야 한다.
- 의료비와 간병비: 은퇴 이후 들어가는 의료비와 간병인 비용을 준비해야 한다.
- 여유 있는 생활을 위한 비용: 취미생활, 여행, 기부 등에 들어가는 돈도 필요하다.

이런 비용들이 과거 세대보다는 훨씬 많이 소요된다는 점을 고려해야 한다. 특히 의료비와 간병비는 충분하게 확보하는 것이 좋다. 부부 중 한 명이 아프면 배우자가 돌볼 수 있지만, 둘 다 건강이 좋지 않거나 혼자 사는 기간 동안 아프면 자식의 집이 아닌 병원이나 요양 시설로 갈 수도 있기 때문이다.

특히 CEO는 일반적으로 은퇴하면 개인 자금 사용액이 늘어나게 된다. 재직 중에는 잘 모르고 지냈던 회사로부터 받은 지원이 생각보다 크게 느껴지기 때문이다. 예를 들어 자동차 구입 및 운영비, 골프나 경조사 등에 들어가는 비용이 매월 큰 부담으로 와 닿는다. 은퇴 전에는 이런 비용들을 회사 비용으로 처리했지만, 은퇴 후에는 개인 자금으로 지출해야 하기에 부담을 느낄 수 있다. 그리고 그동안 살아온 삶의 모습이 있기 때문에 은퇴했다고 해서 생활방식이 크게 달라지지 않는다. 비슷한 생활방식과 생활수준을 유지하면서 은퇴 생활을 해야 하기에 예상보다 높은 금액의 은퇴자금이 필요하다. 대략 은퇴 전 사용하던 지출의 70%가량을 고려해야 하지 않을까 생각이 된다.

분류과세되는 퇴직금

CEO를 포함한 임원의 퇴직금은 일반 직원들과는 달리 적용할 수 있다. 보험사에서 지난 몇 년간 CEO 플랜이라고 해서 많이들 판매도 했고, 웬만한 중소기업 사장님들은 대충 알고 있는 내용이기도 하다. 흔히 법인의 정관에 '임원퇴직금지급규정'이란 걸 만들어놓고 있다.

퇴직금은 장기간 근속에 따라 큰 금액이 지급되는 특성상 높은 종합소득세율을 적용할 수 없어 급여나 상여, 배당과는 달리 분류과세가 된다.

여기에서 분류과세와 분리과세에 대해 잠시 살펴보자. 소득세는 각각의 소득의 종류에 따라 구분하여 그 과세방법을 달리하는데, 이를 가리켜 분류과세라고 한다. 분류과세하는 소득에는 양도소득, 산림소득, 퇴직소득, 종합소득세가 있다.

소득세법에는 종합소득세의 과세표준 계산에 합산되지 않는 소득이 있는데, 이러한 소득에 대한 세금을 통칭하여 '분리과세'라고 한다. 분리과세 소득에는 분리과세 이자소득, 배당소득, 기타소득 등이 있다. 따라서 종합과세되는 다른 소득과는 달리 분류과세가 되는 퇴직금은 상대적으로 절세 측면에서 유리하다.

| 급여, 배당, 퇴직금의 차이 |

구분	과세방법	적용 세금(지방소득세 포함 세율)
급여	근로소득	종합소득세(6.6~49.5%)
배당	배당소득	분리과세(15.4%) 또는 종합과세(15.4~49.5%)
퇴직금	퇴직소득	퇴직소득세(분류과세)

CEO 퇴직금 지급 규정

정관규정이 있고 적정할 경우는 퇴직금 지급 법인은 전액 손금산입 인정하고, 퇴직임원은 최대 2배수까지 퇴직소득으로 인정한다(초과분은 근로소득으로 처리). 법인이 비용 처리를 하고 퇴직임원이 퇴직소득으로 인정받으려면, 정관에 임원퇴직금 지급 규정을 마련해야 한다. 퇴직금 지급 한도는 2가지로 나누어진다.

- 정관규정이 있고, 정관규정이 적정할 경우: 퇴직 직전 3년간 지급받은 총급여의 연평균 환산액 × 1/10 × 근속연수 × 2배

- 정관규정이 없거나 정관규정이 부적정할 경우: 퇴직 직전 1년 간의 총급여 × 1/10 × 근속연수

임원 직급 간의 근속연수에 따라 장기근속자에게 더 높은 배율을 적용하는 경우 합리적인 규정으로 인정해주며, 회사에 대한 공헌이나 여타 사항을 고려하지 않고 단순히 직급에 따라 특정 임원에게만 차등배율을 적용하여 퇴직금을 지급하는 경우는 부적정한 것으로 판단할 수 있다.

임원퇴직금지급규정

제1조 【목적】
이 규정은 회사 임원의 퇴직금 지급에 관한 사항을 정함을 목적으로 한다.

제2조 【적용범위】
① 이 규정은 회사에 계속하여 1년 이상 근무하는 상근 임원에 대하여 적용한다.
② 임원에 준하는 대우를 받더라도 별도의 계약에 의하여 근무하는 자는 그 별도의 계약에 의한다.
③ 전항이 적용되는 임원의 경우에는 위촉계약 종료 시 종료일(재 위촉 여부와 관계없이 개별 임원 연봉계약서 상의 종료일)을 기준으로 매 1년마다 지급하되, 계약기간이 이 규정에 따라 1년을 초과하는 경우에는 그 계약기간에 따라 지급한다.

제3조 【주관부서】
임원 퇴직금 지급에 관한 업무의 주관부서는 본사 인사부로 한다.

제4조【퇴직금의 지급방법】

① 퇴직금의 지급은 현금으로 지급하는 것을 원칙으로 한다.

② 제1항에 불구하고 퇴직한 자의 요구 또는 동의가 있는 경우 현금 외의 재산으로 지급할 수 있다.

　이 경우 재산평가는「상속세 및 증여세법」규정에 따른 시가로 한다.

제5조【퇴직금의 산정】

가. 2011.12.31. 이전 근속기간에 대한 퇴직금

　① 임원의 퇴직금 산정은 퇴직 직전 3년간의 총급여를 기준으로 다음과 같이 산정한다.

　　[퇴직한 날부터 소급하여 3년 동안 지급받은 총급여의 연평균환산액 × 1/10 × 근속연수 × 지급배수]

　② 임원에 대한 근속기간별 지급기간 1년에 대한 지급배수는 다음과 같다.

직위	지급배수
회장, 대표이사	○배수
이사 및 감사	○배수

나. 2012년 1월 1일 이후 2019년 12월 31일까지 근속기간에 대한 퇴직금

　① 임원의 퇴직금 산정은 퇴직 직전 3년간의 총급여를 기준으로 다음과 같이 산정한다.

　　[퇴직한 날부터 소급하여 3년 동안 지급받은 총급여의 연평균환산액(근무기간이 3년 미만인 경우에는 해당 근무기간) × 1/10 × 근속연수 × 지급배수]

　② 임원에 대한 근속기간별 지급배수는 다음과 같다.

[sample 1]

직위	지급기준	지급배수
회장, 대표이사	1년	3배수
이사 및 감사	1년	3배수

[sample 2]

근속기간	지급배수
근속기간 5년 이하	1.0배
근속기간 5년 초과 10년 이하	1.5배

근속기간 10년 초과 15년 이하	2.0배
근속기간 15년 초과 20년 이하	2.5배
근속기간 20년 초과	3.0배

[sample 3]

근속기간	이사 및 감사	회장, 대표이사
근속기간 5년 이상 10년 미만	1.5배	2배
근속기간 10년 이상 20년 미만	2.0배	2.5배
근속기간 20년 이상	2.5배	3배

다. 2020년 1월 1일 이후의 근속기간에 대한 퇴직금

① 임원의 퇴직금 산정은 퇴직 직전 3년간의 총급여를 기준으로 다음 과 같이 산정한다.

[퇴직한 날부터 소급하여 3년 동안 지급받은 총급여의 연평균환산 액(근무기간이 3년 미만인 경우에는 해당 근무기간) × 1/10 × 근속 연수 × 지급배수]

② 임원에 대한 근속기간별 지급배수는 다음과 같다.

직위	지급배수
사장(대표이사, 1인 사내이사)	2배수
사내이사	2배수
감사	2배수

라. 산정기준의 총급여의 기준

① 총급여란 소득세법에서 정하는 근로소득 금액의 합계에서 비과세 소득을 제외한 금액을 말한다.

② '가' 및 '나'와 '다'를 적용하는 경우 퇴직당시 또는 산정기준이 되는 대상연도의 총급여가 무보수 상태인 경우에는 근무기간은 무보수 인 기간을 포함하는 것이며, 지급받은 총급여는 무보수로 근무한 기간 동안의 급여 상당액은 발생하지 아니한 소득이므로 '지급받은 총급여'에 포함하지 아니한다.

제6조【중간정산의 경우 퇴직금】

① 계속하여 근속한 임원이 퇴직하는 경우로서 「법인세법 시행령」 등 관련법령에 따른 현실적인 퇴직사유에 의한 중간정산을 한 경우에 는 중간정산을 한 날(중간정산 대상 기간)의 다음날부터 퇴직하는

날까지의 근속기간에 대하여 제5조의 규정을 적용한다.

② 전항의 규정은 급여를 연봉제로 전환함에 따라 향후 퇴직급여를 지급하지 아니하는 조건으로 중간정산 한 경우에는 적용하지 아니한다. 다만, 주주총회에서 연봉제 이전의 방식으로 전환하되 그 전환일로부터 기산하여 퇴직금을 지급하기로 결의한 경우에는 그러하지 아니한다.

제7조【재임연수의 계산】

① 재임기간은 선임일자로부터 실근무 종료일까지로 한다.

② 1년 미만의 기간은 월할계산하고 1개월 미만의 기간은 1개월로 계산한다.

③ 재임기간이 1년 미만이라도 월할계산한다.

부 칙(20○○. ○○. ○○.)

제1조【시행일】

이 규정은 20○○년 ○○월 ○○일부터 시행한다.

제2조【일반적 적용례】

이 규정은 시행 후 퇴직하는 임원에게 적용한다.

제3조【근속연수에 대한 적용례】

제5조에서 규정하는 근속연수에 대한 지급배수는 2011년 12월 31일 이전에 시행된 규정이 있는 경우, 해당 규정에 따라 지급되었거나 지급할 금액으로 한다.

재무제표를 잘 만들면
결산이 쉬워진다

결산 관리의 중요성

결산이란 1사업연도(통상 1월 1일~12월 31일) 기간 동안 기업의 경영활동과 관련하여 발생한 수많은 거래를 기록한 자료를 근거로 정해진 회계기준에 의하여 일정한 시점(통상 12월 31일)에 기업이 보유하고 있는 자산상태를 표시하는 재무상태표, 일정 기간 동안의 사업실적을 나타내는 손익계산서 등 재무제표를 작성하기 위한 일련의 과정을 말한다. 즉 기업에서는 결산이라는 활동을 통해서 최종적인 재무제표(재무상태표, 손익계산서, 제조원가명세서, 이익잉여금처분계산서, 자본변동표, 현금흐름표 등)가 완성되는 것이다.

결산관리는 결국 법인세, 소득세는 물론 주식가치와 연결하여 상속·증여·양도소득세에도 영향을 미치며, 기업의 자본조달, 매출을 위한 수주 및 입찰, 업면허 유지 등에도 큰 영향을 미친다. 이에 반해 현재 대부분의 중소기업 CEO들은 주로 법인세 절세에만 관심을 가지고 있는 경향이 있다. 그러므로 중소기업의 경영을 책임지고 있는 CEO는 관련 내용을 공부하고 결산 관리를 잘해 기업의 상황과 목적에 맞는 유기적인 재무제표를 작성해야 한다.

다시 말하지만 결산은 재무제표를 작성하는 작업이다. 재무제표는 기업 경영과 관련하여 많은 부분에 활용된다. 대표적으로 법인세, 신용등급, 1주당 비상장주식의 시가, 소기업 및 중소기업 해당 여부, 외부 감사 대상 여부, 기업 진단 요건 중 실질 자본금 충족 여부 등이 재무제표가 직·간접적으로 사용되는 영역이다. 그러므로 CEO는 당 회사와 관련되는 중요한 이슈에 유리하게 작용할 수 있도록 재무제표를 잘 만들어야 하며, 결산과정에서 이를 위한 여러 가지 의사결정을 하여야 한다.

법인세 절세 측면의 결산관리

법인세 절세를 위해서는 다음의 기본 절차가 우선되어야 한다.

- 수입(매출, 영업외수익 등)의 귀속 시기를 뒤로 늦춘다.
- 비용의 귀속 시기를 앞당긴다.
- 공제, 감면을 최대한 받는다.

위 과정에서의 조정은 당연히 법인세법의 테두리 안에서 이루어져야 하며, 수익과 비용의 귀속 시기의 조정은 대부분 사전 결산 시점에서 의사결정이 되어야 한다. 하지만 본 결산 시점에서는 합법적 방법으로 조정하기에는 매우 힘든 게 사실이다. 대부분의 중소기업은 결산신고 시점에 임박하여 결산의 결과를 알게 되고, 그 시점에는 이미 회사의 이익을 위한 의사결정이 힘들게 된다. 따라서 사전에 대충의 결산이라도 해야 하고 최종 결산에 앞서 의미 있는 의사결정을 해야 한다.

수입과 비용의 귀속 시기의 조정은 당장의 법인세 절세에는 도움이 되지만, 당기순이익을 낮춰서 회사의 이익잉여금을 낮추게 되며, 이는 기업의 수익성이나 안정성은 물론 매출 인식 시기를 늦출 경우에는 성장성에 대한 재무적 지표까지 다소 나쁘게 보일 우려가 있다. 그러므로 법인세 절세라는 단편적인 측면만 너무 강조하는 것은 기업 전체 경영이라는 측면에서 보면 한계가 있다. 재무제표는 수익성이나 안정성을 감안한 결산을 하되, 법인세법과 안 맞는 부분은 세무조정을 통해 조정하는 것을 고려해야 할 것이다.

결산 시 반드시 체크해야 할 내용

위 내용을 감안해서 연말 결산 시점에 체크해야 할 주요 내용을 정리하면 다음과 같다.

관리 항목	주요 내용
12월 귀속의 손익거래 조정하기	• 12월 매출과 매입 시기에 대한 12월 귀속 또는 내년 이월 귀속의 조정 → 당기순이익 조정 • 단기 용역 도급계약 매출은 진행기준과 완성도기준의 선택이 가능하므로 유리한 방법으로 선택 • 매출액 관리는 소기업, 중기업 요건 및 관련 공제감면에도 직접적 영향을 미치므로 고려해야 함.
퇴직연금 불입하기	DB, DC 등의 퇴직연금 연내 불입분은 세법상 비용으로 인정
연내에 (법인계약의) 소멸성 정기보험 불입하기	소멸성 정기보험 + 추가요건 충족 시 세법상 비용으로 인정
연말상여금 지급시기 조정하기 + 관련 규정 재정비	연말에 임직원에 대한 상여의 귀속시기를 12월로 할지, 내년 이후로 할지에 대한 조정
가지급금 정리	가지급금 인정이자, 지급이자 손금불산입 등을 낮춰 법인세 절세 가능
퇴직금중간정산 + 관련 규정 재정비	• 퇴직금중간정산 통해 법인세 절세 가능하나, 퇴직금 중간정산 사유와 관련된 정관규정의 정비가 필수적이며, 반드시 연내에 실제로 자금이 집행되어야 함. • 주택구입, 가족 중 요양, 치료목적, 상근임원이 비상근임원으로 변경하는 등이 대표적 중간정산 인정 사유
기업부설연구소 또는 연구전담부서의 설립	R&D세액공제 등을 위하여 기업부설연구소 또는 연구전담부서의 설립
지급 시기 의제를 활용한 소급 손익 조정	12월 귀속의 근로·퇴직소득에 대해서는 3월 10일까지는 소급하여 의사결정이 가능한 점을 활용 가능
기말재고자산의 조정	• 기말재고 줄이면 법인세 절세에 일시적으로 도움 • 손익조정의 목적보다는 실제에 맞게 정확하게 관리하는 것이 중요하며, 단 일시적인 손익조정을 통한 주가관리에는 활용될 여지 존재
부실채권·부실자산에 대한 처분 손실화 가능성 검토	대손요건 갖추기 힘든 부실채권을 타인에게 처분하고 처분 손실로 처리할 경우 처분손실은 비용 처리가 용이

직무발명보상금의 지급 여부		합법적으로 지급되는 직무발명상금은 비용 처리는 물론 연구인력개발비 세액공제 대상이 됨
결산 조정 사항의 조정	감가상각비(의제 감가상각 주의)	실제 현금지출이 없더라도 법인세법이 정한 범위 내에서는 기업이 비용처리를 한 만큼 손비 처리가 인정되는 항목들이 므로 결산과정에서 얼마를 비용 처리할 지에 대한 의사결정 이 중요 (단, 감가상각비와 관련하여 일정한 감면 등을 받는 경우에 는 반드시 감가상각비를 손비 처리해야 함)
	대손충당금	
	(일부)대손상각비	
	퇴직급여충당부채	
	법정사유를 충족 하는 자산의 감액	
각종 공제 및 감면사항에 대한 검토		• 세액공제 등을 감안한 설비투자, 고용여부 등에 대한 의사 결정 • 누락공제 없는지 확인(특히 고용/투자관련 세액공제 누락 에 주의) • 부당공제 없는지 확인(특히 R&D세액공제, 창업벤처기업 세액감면 등에 주의)

표에서 열거한 내용을 한마디로 요약하면, 비상장 중소기업을 둘러싸고 있는 많은 이해관계자(CEO 본인, 국세청, 금융기관, 입찰기업과 대기업 같은 거래 상대방, 업면허 유지 등)들에게 당사자가 사업하기 편하고 도움이 되도록 재무제표를 잘 만들자는 말이다.

대부분의 중소기업은 결산 시점에 임박하여 급하게 결산작업을 하고, CEO는 그 과정과 내용도 모른 채 매년 습관적으로 세무신고와 법인세 납부를 하고 있는 게 현실이다. 기업 경영의 모든 것을 책임지고 있는 CEO라면 외부 요인에 의한 사업 기회의 상실과 어려움은 어쩔 수 없겠지만, 내부적으로 공부하고 챙길 수 있는 부분은 잘 챙겨서 기업경영과 절세에 도움이 되도록 해야겠다.

털어서 먼지 안 나오는
회사 없다고?

세무조사를 두려워하지 마라

중소기업 현장에서 보면 사장님들이 가장 무서워하는 게 바로 '세무조사'다. 문제없이 회계처리를 못한 때문이기도 하지만, 털어서 먼지 나오지 않는 회사는 없다란 기존 인식 때문에 더 두려워하는 것 같다. 사장님들은 대부분 사업을 위한 관계 형성이나 정보 공유를 위한 모임을 몇 개씩 유지하고 있는데, 이런 모임에서 주고받는 주요 내용 중 하나가 바로 세무조사에 대한 것이다.

세무조사란 국세공무원이 국세에 관한 조사를 위해 당해 장부, 서류, 기타 물건을 조사하는 것으로 납세 의무에 관하여 세법이 규정한 대로 과세표준과 세액을 정확히 계산하여 신고했는지 여부를 검증하는 절차를 말한다.

과거에는 많은 사장님들이 매출 누락이나 허위 세금계산서 발행 등의 불법적인 행위를 해왔기에 세무조사에 대한 공포와 불안감이 컸다. 하지만 지금은 대부분의 사장님들이 합법적인 거래를 하고 있으며 세무 자료를 잘 신고하고 있다. 일선 세무서에서도 많은 정보를 제공하고 있으며, 잘못된 거래 행위에 대해서도 사전 공지를 하고 있다.

정해진 규정과 원칙대로 회계 처리를 하고 있다면 세무조사를 겁내거나 두려워할 필요는 없다. 그런 당당한 CEO에게 세무서는 우리 사업이 잘되도록 도와주는 서비스기관일 뿐이다.

세무조사의 종류

세무조사에는 일반조사, 심층조사, 추적조사, 확인조사, 긴급조사, 서면조사 등이 있다. 통상적인 조사를 일반조사라고 하고, 탈세 등에 대한 정보를 바탕으로 별도 계획에 의해 진행하는 조사를 심층조사라고 한다. 이외에도 유통과정 추적조사나 현지확인조사, 긴급조사 및 서면조사 등이 있다.

• 일반조사: 과세표준의 결정 또는 경정을 목적으로 하는 통상

적 조사로, 부가가치세, 소득세, 법인세 조사 등이 해당된다.

- 심층조사: 탈세수법이나 규모를 고려할 때 통상의 조사로 는 실효를 거두기 어려운 경우에 실시하는 조사이다. 별도 계획에 의해 실시한다.

- 추적조사: 재화·용역 또는 세금계산서·계산서의 흐름을 거 래의 앞·뒤 단계별로 추적하여 사실관계를 확인하는 조사 이다. 무자료거래, 변칙거래, 위장가공거래 혐의자 등을 대 상으로 조사한다.

- 확인조사: 납세자관리 또는 과세관리상 필요한 특정사항이 나 사실을 확인하기 위한 조사다.

- 긴급조사: 수시부과 사유 발생, 회사 정리개시 신청 등 조세채권 의 조기 확보가 필요해 당해 사유 발생 즉시 실시하는 조사다.

- 서면조사: 납세자가 신고하거나 제출한 서류에 의하여 신 고상황의 적정여부를 검증하기 위해 실시하는 조사다.

세무조사 절차

세무조사는 '조사 대상자 선정 → 조사 계획 수립 → 조사 착 수 → 조사 진행 관리 → 조사 종결, 조사 사후관리'의 순서로 이 루어진다.

조사 대상자 선정

납세자의 신고성실도 등 객관적인 기준에 따라 선정하며, 사업규모, 납세성실도, 업종 특성 및 각종 세무정보 등이 조사 대상이다. 선정된 중소기업은 아래 내용을 준비하면 원활한 조사와 진행에 도움이 된다.

- 증빙서류 기장 비치: 거래 시 세금계산서, 계산서, 기타 지출 영수증을 빠짐없이 챙겨 정확하게 기장하고 비치해야 한다.
- 세무조사 통지를 받게 되면 조사 착수 전에 장부, 증빙, 각종 세금계산서를 대조 검토하여 보완하고 불필요한 서류 등이 섞여 있는지 여부를 확인해야 한다.
- 일정 요건 충족하는 경우 조사 연기 신청도 가능하다.

조사 계획 수립

조사 효율성 및 납세자 편의를 고려하여 수립하며 통합조사, 동시조사 등의 방식으로 실시된다. 세무조사를 위한 사전통지서는 중복조사 여부 확인 후 조사 개시 10일 전까지 납세자가 수령할 수 있도록 등기우편으로 송달된다.

조사 착수

신고 내용, 사업 개황, 과세자료 등을 분석한 후 조사원증 제시, 조사 사유 등 상세 설명이 이루어진다.

조사 진행 관리

조사 시 도출된 문제점을 중심으로 본 조사를 실시한다. 조사 과정에서 조사공무원의 특정 사안에 대한 소명 요구 시 객관적인 자료를 준비하여 서면으로 자료를 제출해야 한다.

조사 종결, 조사 사후관리

과세 사실 확정 및 적출 내용의 적법성을 검토하고, 종결일로부터 20일 이내에 세무조사 결과를 통지한다. 납세자는 통지서를 받은 날부터 30일 이내에 '과세 전 적부심사청구'를 할 수 있다.

조사종결 확인서 작성 시에는 혹시 사실과 다른 부분이 있지 않은지에 대해 세부적인 내용을 면밀하게 검토하여 확인 후에 날인해야 한다. 조세공무원과 견해 차이가 발생하는 경우 이견이 생길 때마다 따질 것이 아니라, 일단 뒤로 미루어서 조사공무원도 충분히 검토하게 한 다음 조사종결 시에 회사의 주장을 명확하게 설명하도록 하고, 만일 견해 차이가 좁혀지지 않는 경우에는 조세불복 절차도 고려해봐야 한다.

세무조사 대상자 선정

세무조사 대상은 신고내역 등을 TIS(Tax Integrated System, 국세통합시스템)으로 분석하여 신고성실도 하위자 중심으로 규모가 큰 사업자, 장기 미조사자, 신고성실도 하위자 등을 고려하여 우선적으로 선정한다. 전산 시스템에 누적 관리되고 있는 과세 정보 자료와 탈세 제보 및 탈세정보 등 수집·분석된 각종 세무정보 자료를 최대한 활용하여 무기장 신고자를 포함해 고소득 자영업자, 자료상 등 거래 질서 문란자, 신용카드 변칙거래자, 호화·사치 생활자 등에 대해서도 불성실신고 혐의가 큰 사업자를 조사 대상으로 선정하게 된다.

세무조사 대상자 선정에는 정기 선정과 수시 선정 방식이 있다.

- 정기 선정: 신고내용에 대한 정기적인 성실도 분석 결과 불성실 혐의가 있는 경우, 4과세기간 이상 동일 세목이 세무조사를 받지 않아 신고내용의 적정성 여부를 검증할 필요가 있는 경우, 무작위 추출 방식에 의한 표본조사를 하는 경우 등이 있다.
- 수시 선정: 무신고, 무자료거래, 위장·가공거래 등 거래내용이 사실과 다른 혐의가 있는 경우, 납세자에 대한 구체적인 탈세 제보가 있는 경우, 신고 내용에 탈루나 오류의 혐의

를 인정할 만한 명백한 자료가 있는 경우 등이 있다.

실지조사 시에 확인하는 사항

사업 관련 각종 장부 확인

실제 세무조사에 착수하게 되면 사전 분석된 내용들을 근거로 사업과 관련하여 비치된 각종 장부를 확인한다. 장부 관련 조직의 검토 및 작성, 보관 책임 부서의 확인, 각 부서별 비치 장부와 해당 부서 원장과의 대조, 원재료·제품의 수불부와 창고에 비치된 수불부, 입출고일지, 생산일지, 작업일보 등 원시 기록과 부합하는지 여부를 확인한다.

일반적인 거래에 필요한 장부가 비치되지 않았을 때에는 그 원인을 규명하고, 장부상의 구입 수량과 사용한 장부상의 수량, 보관 수량 등을 대조하여 공식적인 장부 이외의 장부가 있는지 여부도 검토한다. 외주가공비, 포장비, 운임 등의 제조경비 관련 장부와 생산, 출고제품과의 일자, 수량 등의 대조 작업도 이루어진다. 증빙서류의 대조 확인 작업도 진행된다. 원시 기록부터 전표 작성까지의 처리 과정을 확인하고, 전표 작성자와 책임자의 실인과 결재 누락 여부 확인 및 결재권의 위임 한계를 파악한다. 기장일자순과 서류편철순이 사후조작이 없는지 여부를 확인하고, 영수증부본, 청구서, 계약서, 송장, 출고지시서, 납품서, 주문서 등의 일련번호 및 연월일의 동일 여부를 확인한다.

변칙적인 회계 처리 유무 확인

기본적인 임직원 현황과 경영주와 특수관계에 있는 사원의 배치 부서를 확인한다. 조직도 등 회사의 내부 통제조직을 확인하고, 대표이사의 가수금, 가지급금 등 미결산계정의 금액이 크거나 횟수가 빈번할 때는 비정상적인 회계처리 유무를 확인한다.

그 외에도 월별·분기별 가결산 서류의 작성 확인과 대조, 매출 및 매입 시의 대금 결제 방법, 조사일 현재의 현금 시재액과 당좌예금, 주요 제품과 상품의 재고 등을 조사하고, 월별·분기별 재고조사표의 비치 여부와 이들을 원시기록과 대조·확인한다.

자산 실태 조사

재무제표에 계상된 각종 자산의 계정과목별 적정 여부와 계정과목의 2~3년간 비교분석 및 이월액에 대한 정밀 확인을 한다. 특히 현금·예금과 보유 유가증권 등이 많은 경우 시재액을 대조하고, 사업관련 자금을 상당 기간 사업주가 별도로 운용하면서 신고 누락했는지 여부를 조사한다.

주요 제품 및 상품의 재고 실태를 파악한다. 전년도 이월과 당해연도 구매량, 매출량 등을 품목별·규격별·단가별 수불사항을 체크 후 누락 또는 가공계상 여부를 검토한다. 원부자재의 재고사항과 수불 내용 및 구매 단계의 규격별 수량, 단가 등을 종합 검토하여 수불 및 재고의 적정 여부를 확인하여 가공·위장 매입 여부를 조사한다. 기타 미착상품, 가지급금 등의 자산에 대해 거래 유형, 발생 사유 등을 확인하고 유형고정자산의 실존여부를 감가상각자산과 비교하여 조사하고, 자산거래가 있는 경우 거래의 적정성을 검토한다.

매출·매입과 관련한 주요 내용도 검토한다. 매출처별 거래유형을 분석하고 제품·상품별 매출단가의 적정성과 특수관계자 간 거래에 있어 저가 매출로 소득분여(특수관계자 간에 어떤 행위로 소득을 나누어 가지는 행위)가 이루어졌는지 여부를 조사한다. 매출처별 업종 등을 파악하고 실물과 세금계산서의 흐름을 파악하여 매출 누락 또는 위장 매출 여부도 조사한다.

경비 처리 조사

비상근자 등에 대한 가공 인건비 지급 여부, 사업주와 특수관계자의 담당 업무 성격상 세무계산의 문제 소지 여부, 외주비 또는 용역비의 과다지급 여부, 각종 경비의 발생 사유와 처리 내용을 증빙과 대조하여 적정성 여부를 검토한다.

CEO의 급여는
얼마가 적당할까

회사는 부자인데 CEO는 가난하다고?

우리나라 중소기업 사장님들, 특히나 제조업 사장님들은 평생 사업을 하며 또 하나의 자식을 키우는 마음으로 사업을 해온 분들이 정말 많다. 먹을 거 안 먹고, 입을 거 안 입어가면서 내 새끼를 키운다는 생각으로 사업을 하는 분들이다. 돈을 좀 벌 때마다 생산 설비도 늘리고 내 집 마련이 평생의 소원이듯이 내 공장을 큰 빚을 내서 만든다. 그러곤 평생을 두고 그 빚을 갚는다.

다행히 그 노력이 잘되어 성공하면 번듯한 자가공장에 직원 수도 꽤 되는 안정된 기업으로 성장하지만, 불행히도 사장님의 노력과는 달리 기업이 힘들어질 때는 대출 원리금 갚기도 쉽지 않고 공장이 경매로 넘어가는 경우도 숱하게 많이 보아왔다.

　그러나 전자처럼 평생 기술개발이나 영업과 관계 회사와의 관계 형성에도 성공해서 성공했다손 치더라도 많은 CEO들을 만나 속깊은 대화를 하다 보면 사장님 개인이 부자인 경우를 발견하기가 어렵다. 돈을 버는 족족 회사에 투자를 하고, 회사에만 공을 들였기 때문에 회사는 돈을 벌었고, 회사는 안정성도 높고 부자 회사가 되었는데 기실 사업의 주체였던 CEO는 평생 근검절약하고 아끼며 살아서 개인의 자산을 축적하거나 노후준비를 하지는 못하였던 것이다.

　이런 경우의 원인에 대해 가만히 살펴보면, 내 회사인데 내 회사가 잘되면 전부 내 것인데 하는 잘못된 생각이 근간에 깔려 있음을 알 수 있다. 개인사업자는 그 기업의 성과가 모두 CEO 개인의 것이 된다. 그러나 법인은 CEO와는 별개의 인격을 갖춘 개념으로 비록 CEO 자신이 모두 이룬 것이긴 하지만 그 성과는 회사에 귀속이 되는 것이고, CEO 본인은 법인으로부터 급여 등으로 보상을 받는 개념인데 중소기업 사장님들은 이런 사실에 대한 이해가 부족한 것이다. 그러다 보니 CEO는 온갖 어려운 역경들을 이겨내고 회사는 안정기에 접어들었는데, CEO에게 남는 것은 집 한 채와 가족들을 고생시킨 기억밖에는 없는 것이다.

정신 차려 보니 회사만 달랑 남은 CEO

대기업에 자동차 부품장비를 납품하는 남양주의 한 제조업체 사장님의 사례를 소개하고 싶다. 해당 제조업체 사장님은 30대 중반에 밀삭기 한 대로 사업을 시작하여 1990년대 말의 IMF와 2000년대 말의 세계적인 경제위기 등 어려운 상황들도 잘 넘기고 지금은 연 매출액 100억 원에 종업원 수도 30명 정도 되는 안정적인 회사를 운영 중이다.

어느 날 이 사장님은 CEO 모임에서 오랫동안 알고 지내던 지인 사장님이 갑자기 돌아가시고 나서 회사와 가족들이 모두 어려워진 상황을 옆에서 지켜보면서 자신의 상황을 한번 돌아보게 되었다.

'평생 회사를 키우겠다는 일념으로만 열심히 살아왔고, 회사는 자가 공장에 외형적으로도 번듯하게 키워놓았는데, 정작 자신에게 무슨 일이 생기면 어떻게 될까?' 하고 생각해보니, 개인 자산으로는 지금 살고 있는 집 말고는 아무것도 없었다. 그동안 자신은 아이들 키우면서 먹고살기만 한 게 다였던 것이다.

이런 사례는 주위에서 심심치 않게 찾아볼 수 있다. 특히 제조업 사장님들은 기술직으로 출발해서 생산부터 판매까지 불철주야 노력하며 혼자 힘으로 회사를 키워온 CEO들이 대부분이다. 이런 경우 회사가 잘되더라도 CEO에게 갑자기 불의의 사고나 무슨 일이 생기면 회사의 운영자금 유동성 문제를 포함해서 여러 가지 문제가 발생할 수 있다.

왜냐하면 법인의 자산을 마음대로 개인 자산화할 수 없고, 상장기업의 주식은 쉽게 주식시장에서 거래가 되어 현금화할 수 있지만, 비상장 중소기업은 주식을 쉽게 현금화할 수도 없기 때문이다. 이처럼 CEO 개인 자산 대부분이 현금화가 어려운 법인의 지분일 경우, 자신의 은퇴 생활에 필요한 준비도 쉽지 않을뿐더러 가업 승계를 위한 세금의 준비도 어려울 수 있다. 막말로 평생 고생고생해서 회사는 키워놓았는데 본인은 정작 말년에 어려워질 수 있게 된다.

CEO도 준비가 필요하다!

세상에는 언론에서 가끔 주인공이 되는 나쁜 사장들, 법인의 돈을 자기 개인의 돈인 것처럼 불법적으로 사용해서 물의를 일으키는 사장들보다는 평생 자식 키우듯이 회사를 키워온 착한 CEO들이 대부분이다. 세상이 아무리 혼탁해지고 있어도 그래도 세상은 정의로워야 한다고 믿고 있다.

중소기업 CEO들은 평생에 걸쳐 고생과 노력을 했으니 큰 부자까지는 아니더라도 말년에 돈 걱정, 세금 걱정을 해서는 안 된다. 따라서 평소에 적절한 보상을 가져가야 한다.

많은 중소기업 CEO들이 소득세에 대한 부담 때문에 낮은 급여를 가져간다. 배당을 하는 중소기업도 사실 별로 없다. CEO의 자금 원천은 법인으로부터 받을 수 있는 급여, 상여, 배당, 퇴직금이 거의 전부인데 급여를 낮게 가져가고 배당도 하지 않으면, 개인 소유의 자산 형성은커녕 정상적인 가정생활을 위한 자금도 부족하게 된다. 그래서 생활에 필요한 자금과 자산 취득을 위해 대출을 받거나 법인에서 자금을 빌려가는 등의 문제가 발생한다.

CEO는 보통 월 500만 원의 급여를 가져간다. 회사 규모가 좀 괜찮다 싶으면 800만 원에서 1,000만 원 정도의 급여를 가져간다. 대부분은 본인의 사용 규모 등을 감안해서 책정한 급여가 아니다. 누진소득세율을 감안해 세무사가 정해준 급여이다. 대기업의 부장급의 연봉이 보통 1억 원이 넘어가는데, 중소기업의 CEO의 연봉이 6,000만~1억 원이라면 당연히 저축을 할 여력이 없게 된다. 자녀들의 교육비만 해도 적지 않은 금액이 소요되는데 그 연봉으로는 어림도 없는 일이다. 그래서 급여의 현실화가 필요하다.

법인 CEO의 급여는 비용 처리가 되는 점을 감안해 실제 종합소득세 세율과 비교하여 급여 책정을 해야 한다. 법인의 수익과 법인세율과 종합소득세율을 비교한 후 인상해야 한다. 그리고 사모님이 같이 근무하고 있는데, 급여도 안 가져가는 업체도 가끔 볼 수 있다. 직원들 눈치가 보여서 그렇다고 말하는 사장님도 있는데, 이것은 말이 전혀 안 되는 이야기다.

언제까지 가족의 희생만을 강요할 것인가? 회사에서 일하는 사모님이나 가족들이 있다면 가족들도 적절한 급여 수준을 결정하여 지급해야 한다. 요즘처럼 아파트 한 채 취득하는 데도 일일이 자금 출처에 대한 증빙을 요구하는 시대에 적절한 급여 수준을 결정해서 지급하는 것은 매우 중요하다.

단, 특수관계인인 만큼 보수 결정 시 동일 직위의 임직원과 비교하여 형평성을 따져서 결정해야 한다. 적정한 급여를 정하면 가족의 자금 출처 확보 및 법인세 절감의 효과를 누릴 수도 있다.

배당의 활용

기업의 영업활동을 통해 발생한 이익을 주주에게 배분하는 것이 원칙이다. 배당은 주식을 지닌 주주들에게 그 소유 지분에 따라 기업의 이윤을 배분하는 것을 말하는데, 급여와 함께 배당을 하면 CEO의 자금출처 확보 및 소득분산의 효과도 얻을 수 있다.

이 어려운 시절에도 간혹 이익이 엄청나게 많이 발생하고 있는 회사를 볼 수 있다. 이런 회사 사장님에겐 자녀들에게 주식을 조금 증여해서 배당을 하라고 말하곤 한다. 그런데 아이들 버릇 나쁘게 한다거나, 아무런 도움이 안 된다고 고집을 부리는 사장님을 가끔 만날 수 있다.

적어도 회사의 CEO라면 자녀들에게 본인이 회사를 운영하는 철학이나 기업문화 등 여러 가지를 알려줄 필요가 있다고 생각한다. 그리고 주식을 소량 지급한다고 해서 다른 재산처럼 재산 관리를 따로 잘해야 한다거나 자녀가 재산 때문에 올바로 성장하지 못할까 봐 걱정할 필요는 없다. 주식은 마음대로 처분할 수도 없고, 배당도 CEO가 조절할 수 있기 때문에 좋은 점이 많이 있다.

또한 CEO만 차등하여 급여를 인상할 때 발생할 수 있는 직원들과의 심적인 괴리감도 피할 수 있는 좋은 방법이 될 수 있고, 소득세 절감 효과와 가족들의 자금 출처에 대한 준비와 추후에 발생할 상속세에 대한 재원 문제도 해결해나갈 수 있는 장점도 있다.

임원보수지급규정

제1장 총 칙

제1조【목적】
이 규정은 주식회사 ○○○○(이하 "회사"라 한다)에 근무하는 임원의 급여 및 상여금에 관한 사항을 규정함을 목적으로 한다.

제2조【적용범위】
이 규정은 회사에 근무하는 임원에 대하여 적용한다. 다만, 이 규정에 없는 임원의 급여에 관한 사항은 급여규정을 준용한다.

제3조【용어의 정의】
① 본 규정에서 말하는 임원이란 회사의 이사 및 감사로서 상근인 자를 말한다.
② 연봉이란 급여조정의 기준이 되는 개인별 급여를 말한다.
③ 연봉 외 급여란 약정된 연봉 외에 별도로 회사가 개인 또는 집단에게 지급하는 급여를 말한다.

제4조【급여의 구성】
① 급여는 연봉 및 연봉 외 급여로 구성한다.
② 연봉은 기본급으로 구성된다.
③ 연봉 외 급여는 상여금, 인센티브 등이 있다.

제2장 급여 및 상여금

제5조【기본급】
각 임원의 기본급은 주주총회에서 승인된 금액의 범위 내에서 직전연도 개인별 연봉을 기초로 업적성과 등을 반영하여 이사회에서 개인별 향후 1년간의 연봉을 결정한다.

제6조【정기상여금】
① 제5조의 기본급과는 별도로 당해 연도의 상여금을 이사회 결의로써 지급한다. 이 경우 지급시기와 지급금액의 범위는 다음과 같다.

설날(구정)	여름휴가(7월 또는 8월)	추석
기본급 × 1/12 × 100% 범위 내	기본급 × 1/12 × 100% 범위 내	기본급 × 1/12 × 100% 범위 내

② 제1항에 따라 지급하는 상여금은 당해 연도 영업이익이 발생하는 경우에 한하여 지급하는 것으로 하며, 구체적인 지급액에 대한 성과평가가 있어야 한다. 이 경우 상여금을 포함한 총 보수는 정관에서 정하는 한도 금액을 초과할 수 없다.

제 7조【인센티브】

① 제5조의 기본급과는 별도로 매 연도의 4/4분기에 인센티브를 이사회 결의로써 지급한다. 이 경우 지급금액의 범위는 다음과 같다.

지급금액의 범위
기본급 × 1/12 × 300% 범위 내

② 제1항에 따라 지급하는 인센티브는 매년도 초에 수립하는 경영계획에 근거하여 매출목표 등의 달성이 이루어진 경우에 한하여 지급하되 성과평가방법이 있어야 하고 당해 연도 영업이익의 30%를 초과하지 않아야 한다. 이 경우 인센티브를 포함한 총 보수는 정관에서 정하는 한도 금액을 초과할 수 없다.

③ 제1항에 따른 인센티브의 지급을 위한 이사회 결의는 참석하는 모든 이사가 만장일치로 결의하는 것으로 한다.

제8조【급여의 지급】

① 기본급은 매월 21일에 지급하는 것을 원칙으로 한다.

② 정기상여금은 매 분기별을 주기로 하여 지급하는 것을 원칙으로 한다.

부　칙(20○○. ○○. ○○.)

제1조【시행일】

이 규정은 20○○년 ○○월 ○○일부터 시행한다.

유족보상금지급규정

제1조【목적】

이 규정은 회사 임직원이 업무와 관련하여 사망한 경우에 지급하는 사망위로금(장의비)에 관한 사항을 정함을 목적으로 한다.

제2조【적용범위】

① 이 규정은 당해 회사의 정규직(임시직, 일용직, 계약직은 제외한다) 직원인 임직원으로서 계속하여 1년을 초과하여 근속한 자에 대하여 적용한다. 다만 「법인세법 시행령」 제43조 제7항에서 규정하는 '지배주주 등'은 제외한다.

② 제1항의 근속연수를 계산함에 있어 계약직으로 입사하여 정직원이 되는 경우에는 계약직으로 입사한 때부터 근속연수를 산정한다.

제3조【주관부서】

사망위로금의 지급에 관한 업무의 주관부서는 본사 인사부로 한다.

제4조【사망위로금 및 장의비의 지급방법】

사망위로금 및 장의비는 유족에게 지급하며 유족의 범위는 「민법」이 정하는 바에 따른다.

제5조【사망위로금 및 장의비 지급액의 산정】

① 업무와 관련한 사망위로금의 지급은 다음의 금액을 지급하는 것으로 한다.

[sample 1]

구분	지급금액
사망위로금	「산업재해보상보험법」에 따른 평균임금의 1,300일분
장의비	2,000만 원

[sample 2]

구분	지급금액
사망위로금	「근로기준법」에 따른 평균임금의 1,000일분
장의비	2,000만 원

② 제1항의 사망위로금은 이 규정과 별도로 보험 등의 가입으로 지급되는 금액이 있는 경우 그 금액을 차감하고 지급한다.

제6조【재임연수의 계산】
1년 미만의 기간은 월할계산하고 1개월 미만의 기간은 1개월로 계산한다.

제7조【청구기간】
이 규정에 의하여 발생한 청구권은 권리발생일(사망일을 말한다)로부터 6개월간 이행하지 않으면 소멸한다.

제8조【청구절차】
① 이 규정의 사망위로금 지급청구는 유족임을 입증하는 서류를 첨부하여 [별첨 1]의 경조금지급청구서를 작성하여 회사에 제출한다.
② 회사는 경조금지급청구서의 접수일로부터 14일 이내에 수령 해당자에게 사망위로금을 지급하여야 한다.

부 칙(20○○. ○○. ○○.)

제1조【시행일】
이 규정은 20○○년 ○○월 ○○일부터 시행한다.

제2조【일반적 적용례】
이 규정은 시행 후 사망사고가 발생하는 임직원에게 적용한다.

[별첨 1] 경조금 지급신청서

경 조 금 지 급 신 청 서

성명	소속부서	직위	본인과의 관계	경조사 내용	입사연월일

위와 같이 경조금(사망위로금)을 신청합니다.

20○○년 ○○월 ○○일

신청자 : ○○○ (인)

○○○○주식회사 대표이사 귀하

3장

놓치면 크게 당하는
히든 리스크 관리

CEO에게는 숨어 있는
리스크가 있다

CEO에게는 숨어 있는 리스크가 있다

기업을 운영하는 오너 CEO에게는 항상 리스크가 있다. 대부분의 사람들은 '사업을 실패하면 어쩌나?', '부도를 맞으면 어떻게 하나?' 정도의 위험을 생각하겠지만 일반적인 생각과는 달리 기업 경영에는 많은 리스크가 있다.

첫 번째 리스크는 당연히 사업을 하고 있기에 기업 차원에서 발생하는 사업 고유의 리스크다. 점점 힘들어지는 시장 상황, 경쟁 환경 속에서 어떻게 매출을 올릴 수 있을지, 매출은 여러 가지 상황을 이유로 점점 떨어지고 있는데 원가절감을 어떻게 해서 사업을 유지할 수 있을지, 세금이 점점 부담이 되어가는데 각종 세금을 어떻게 줄일 수 있을지 등에 대한 리스크를 말한다.

두 번째 리스크는 개인 차원의 위험을 말한다. CEO는 기업의 대표로서 사업을 하기도 하지만 개인으로서 가지는 주택자금, 교육자금, 은퇴와 개인 재산의 상속과 증여에 대한 고민들이 있다. 이러한 개인 차원의 리스크를 말한다.

이 정도는 대부분의 사람들이 생각해낼 수 있는 리스크다. 그런데 이 사이에 정말 간과해서는 안 되는 것이 숨어 있다. 바로 기업 차원의 리스크와 개인 차원 리스크의 중간에 겹치면서도 평소에는 숨어 있는 '오너 경영의 핵심 리스크'가 그것이다.

대표적인 오너 CEO의 핵심 리스크로는 이익금 관리 및 환원 리스크, 가지급금과 가수금 리스크, 명의신탁 주식 리스크, CEO 유고 리스크, 가업승계 리스크, 사업 실패 리스크 등을 들 수 있다. 오너 리스크는 정말로 해결하기 쉽지 않은 리스크다.

중소기업은 하루아침에 망할 수도 있다

중소기업은 CEO가 혹시나 부재하는 상황이 발생하면 그냥 그날로 기업은 올스톱이 된다. 대부분의 사람들이 잘못 생각하는 것 중의 하나가 CEO가 사고나 어떤 위험으로 부재 상황이 발생하면 가족이 물려받거나 직원 중에 누군가가 대신하여 회사를 잘 운영하면 되지 뭐가 문제냐는 생각이다. 이런 일은 국내 굴지의 대기업에서나 가능한 일이다. 여러 조직과 전문 인력과 경험을 갖춘 대기업에서는 일찌감치 후계자를 정해서 경영수업도 시키고, 위기 상황에 대한 대비와 시스템 경영을 하기 때문이다.

그런데 한번 생각을 해보자. 어떤 중소기업의 CEO가 사고로 사망을 했다 그러면 어떤 일이 벌어질까? 실제로 기업현장에서 가끔 경험하는 일이기도 하지만, 중소기업 CEO는 기업 차원의 리스크와 유족에 대한 리스크를 함께 가지고 있다.

기업 차원의 리스크로는 외상매입금이나 차입금에 대한 부채 리스크, 업무무관 가지급금 리스크, 임원퇴직금에 대한 부채 리스크, 직원 임금채무에 대한 리스크, 동업자 및 주주의 지분상환 압박 리스크, 유족의 운영자금에 필요한 유동성 부족으로 인한 부도 리스크 등이 있다. 그리고 종업원의 생계를 책임지고 있는 사회적 가장으로서의 리스크를 생각해볼 수 있다.

유족 입장에서의 리스크를 살펴보면, 과다한 비상장주식평가액에 따른 상속세 리스크, 가수금 등 채권의 상속재산 산입에 따른 상속세 리스크, 가업승계 불가의 경우 상속세 재원 부족 리스크, 유류분 리스크, 대표이사의 연대보증에 대한 리스크 등이 있다.

이와 같이 일반인들의 생각과는 달리 남겨진 기업과 유족입장에서는 엄청난 리스크를 맞이하게 되는데 구체적으로 한번 계산을 해보자.

CEO가 생각하는 사업자산	유족이 받아들여야 하는 현실적인 자산
공장 20억 원	공장 운영을 못하게 되니 매각 14억 원
+ 기계, 설비 10억 원	+ 기계 설비는 고철 2억 원
+ 미수금 5억 원	+ 미수금 0원(사장님이 안 계시니 수금이 안됨)
+ 재고 5억 원	+ 재고 염가처분 1억 원
− 부채 20억 원	− 부채는 그대로 20억 원
= 순자산 20억 원	= 순자산 −3억 원

현실적으로 위와 같은 계산이 나오게 된다. CEO가 생각하는 자신의 자산과 막상 어떤 일이 벌어진 후 유족들이 마주하게 되는 현실적인 자산은 이렇게나 차이가 난다.

사장은 무슨 일이 생겨도 이 정도 순자산이면 가족들이 적어도 먹고사는 것은 문제가 없을 것이라 막연히 생각한다. 하지만 그동안 사장의 배우자와 자녀로 편안히 살아오던 유족들은 졸지에 빚쟁이로 전락한다. 정신적인 마음의 고통은 말할 것도 없다.

중소기업은 CEO 1인의 능력과 인맥, 노력으로 운영되는 게 사실이다. CEO의 부재 상황이 발생하면 줄 돈은 차질 없이 지급해야 하지만, 받을 돈은 대부분 받을 수가 없고, 가족(대부분 배우자)이나 직원 중 누군가가 CEO가 평생 혼자서 짊어져 오던 사장으로서의 책임과 무게감을 결코 대신 할 수가 없다. 당연히 회사는 정상적으로 돌아갈 수가 없고 헐값에 매각을 하거나 정리수순을 밟게 된다.

거액의 가지급금이
세무조사를 부른다

가지급금이란

기업체를 방문하면 대부분의 CEO들이 가장 두통거리로 여기는 것이 '가지급금'이다. 아마도 컨설팅 횟수가 가장 많은 것이 이 가지급금에 대한 해결 방법일 것이다.

가지급금이란 쉽게 말해서 회삿돈을 임직원, 주로 대주주나 대표이사가 인출해가면서 별도의 사용처를 밝히지 않고 가져가는 돈을 말한다. 회계상에서는 용도나 액수를 확정하지 않은 채로 지급한 돈을 확정될 때까지 일시적으로 설정하는 계정과목을 말한다.

예를 들어 출장비처럼 먼저 현금 지급이 이루어져 일단 가지급금으로 회계 처리한 다음, 출장 이후 지출 영수증을 가지고 오면 복리후생비, 여비교통비, 접대비 등으로 사후에 정식 회계과목으로 분류한다. 하지만 이와 달리 세무상으로는 명칭 여하에 불구하고 특수관계에 있는 자에게 지급한 당해 법인의 업무와 관련이 없는 자금의 대여액을 말한다.

이렇듯 업무와 관련한 가지급금은 업무 종료 후 곧바로 해당 계정과목으로 처리되어 소멸되지만, 업무와 무관한 가지급금은 오랫동안 가지급금으로 남아 있는 게 보통이며, 주로 기업 자금을 유용하는 수단으로 이용되기 때문에 세법상 여러 규정에 의해 규제를 받는다.

가지급금의 발생 원인

가지급금의 발생 원인을 살펴보면 실무적으로 다음 5가지 경우를 생각해볼 수 있다.

첫째, 거래 관행 및 영업 목적으로 발생하는 가지급금이다. 거래 관계에서 주로 을의 입장인 중소기업이 거래 관행이나 영업 목적상 불가피하게 증빙 없이 자금을 인출하는 경우에 해당된다.

둘째, 회계 처리상의 문제로 발생하는 경우인데, 회계 처리 과정에서 증빙 없이(또는 증빙을 미제출한 상태에서) 자금이 인출되는 경우다.

셋째, 회사 설립 및 유상증자 시 일시적으로 납입한 자본금을 추후 회수하는 경우 발생하는 것으로, 법인 자본금에 대한 가장 납입을 말한다.

넷째, 개인사업자가 법인전환 후에 사장의 급여를 책정하게 되는데 일반적으로 높은 소득세율을 고려해 생각보다 적은 금액의 급여를 책정하다 보니 실제로 사용하기에 돈이 부족하여 급여 이외의 법인 돈을 사용하는 경우다.

다섯째, 대주주 또는 대표이사가 회삿돈을 가져갈 때, 배당이나 급여(또는 상여)로 가져가면 개인이 부담할 종합소득세가 늘어나기 때문에 이를 피하려고 법인으로부터 빌려간 것으로 회계 처리할 때 발생하는 것으로, 대표이사의 개인적인 법인자금의 사용으로 실제로 대표이사가 소득세 신고 없이 개인적인 사용을 목적으로 법인자금을 인출하여 간 경우를 말한다.

이렇듯 가지급금은 한국의 중소기업 환경에서는 경영의 필요악이라 할 수 있으리만큼 가지급금이 없는 회사는 찾아보기 힘든 게 엄연한 현실이다.

가지급금은 각종 불이익의 온상

현실에서 심각한 문제가 야기되는 가지급금의 유형은 회사가 매출처와의 거래를 트기 위한 로비성 자금 등을 법인의 재원으로 지출하고, 이를 마땅히 정리할 방법이 없어 회계 처리를 미루어오다가 결국 결산 시에 어쩔 수 없이 대표이사에 대한 대여금 등으로 처리하는 경우다. 이런 성격의 가지급금은 이와 같은 거래 관행이 중단되지 않는 한 눈덩이처럼 불어나는 속성이 있다. 더군다나 그 부분에 상당하는 인정이자를 매년 회사로 납부하지 않을 경우 그 이자 상당액이 대표이사에 대한 상여로 처분되어 거액의 소득세까지 부담해야 한다.

세법은 그 명칭 여하를 불문하고 특수관계인에게 지급한 자금의 대여금 등을 가지급금으로 보고 이에 대한 인정이자를 계산하여 이를 과세소득 계산 시 익금에 포함시키고, 그 귀속자에 대해서는 별도로 소득처분(상여, 배당 등)하여 소득세를 부과하고 있다. 유출된 법인 자금의 귀속자가 불분명할 경우에는 당연히 법인의 최고책임자인 대표이사가 다 가져간 것으로 간주해 버린다. 그뿐 아니라 그에 상응하는 부분만큼 차입금에 대한 지급이자를 법인의 정당한 손금으로 인정해주지 않으며, 해당 대여금 등에 대해서는 대손충당금 설정과 대손상각을 허용하지 않는다.

가지급금은 비상장 주식가치 평가에서도 순자산액에 포함되기에 기업 가치를 과도하게 상승시켜 상속·증여세와 양도소득세 등도 증가시킨다. 그리고 가지급금은 기업 진단 시 부실자산으로 간주되어 순자산액을 감소시켜 사업에 악영향을 미친다. 또한 가업상속공제 및 증여세과세특례와 관련하여 사업무관자산으로 간주되어 상속세 및 증여세 부담을 증가시키는 등 여러가지 불이익을 준다. 따라서 회사의 재무제표에 거액의 가지급금(대여금 등)이 있는 법인은 세무조사를 받을 위험이 커지며 세무조사를 받을 경우 잘못하면 한 방에 치명타를 입을 수도 있다.

CEO들의 착각

간혹 어떤 CEO들은 도대체 어떻게 이런 생각을 갖게 되었는지 모르겠지만, 가지급금에 대해 잘못된 생각을 가지고 있다. 몇 가지 예를 들면 다음과 같다.

첫째, '갚지 않고 회사를 없애버리면 끝이다'란 생각이다. 매우 잘못된 생각이다. 법인의 청산 시점에서 미상환원금에 이자까지 포함해서 상여로 처리가 되어 소득세가 과세된다.

둘째, '다른 계정과목으로 대체해 버리면 된다'고도 생각한다. 대부분 세무조정계산서에는 관련 내용을 살려놓고 있기 때문에 과세 관청에서는 가지급금의 존재를 알고 있다. 세무 신고 과정에서도 누락하는 가지급금은 추후 조사 과정에서 100% 발각되며, 가지급금을 초과하는 세금 부담으로 돌아온다.

셋째, '가지급금 인정이자에 대한 법인세만 내면 되는 것 아니냐?'란 생각이다. 가지급금 인정이자에 대한 법인세뿐만 아니라 지급이자 손금불산입, 인정이자에 대한 소득세, 원금에 대한 소득세, 주식가치평가 상승에 따른 상속 및 증여세 등이 추가로 발생한다. 경험적으로 보면 소리 없이 쌓인 가지급금은 10년간 방치하면 세금폭탄으로 돌아와 가지급금 원금의 2배가량으로 눈덩이처럼 불어나게 된다.

마지막으로 '법인에 세액공제 항목이 충분해 가지급금에 따른 법인세 부담이 없다'란 생각이다. 가지급금은 법인세 이외에도 소득세, 상속·증여세, 양도소득세 등도 발생시키는 무서운 것이다.

가지급금 정리 방안

가지급금을 해결하는 가장 확실한 방법은 대표이사가 법인에 가지급금을 갚는 것이다. 그렇지만 앞서 가지급금 발생 사유에서 언급했듯이 대부분은 사업을 하면서 관행적으로 발생한 면이 크기 때문에 대표이사가 갚기에는 현실적으로 무리가 있다. 기업을 방문해보면 CEO들이 급여를 올려서 가지급금을 갚거나 퇴직금을 중간 정산해서 상환하는 회사들이 많다. 이는 최선의 방법이라 여겨지지는 않는다. 가지급금을 정리하는 데 있어 대전제는 합법적이어야 한다는 것이고, 최소한의 세금을 부담하는 방법을 실행하는 것이 의미가 있다 하겠다.

실무상으로 활용할 수 있는 방법으로는 법인 원천 소득을 활용하는 방법과 개인 재산을 활용해 가지급금을 정리하는 방법을 생각해볼 수 있다.

법인원천 소득으로 가지급금 정리하는 방법

쉽게 말해서 법인에서 받는 여러 유형의 돈을 가지고 대표이사가 법인에 변제해야 할 가지급금을 해결한다는 말이다.

첫째, 급여, 상여 등의 보수를 받아서 가지급금을 정리하는 것인데, 이 경우 가지급금을 가지고 있는 법인의 입장에서는 손금 처리하면 되고, 대표이사 개인의 입장에서는 근로소득세를 과세해야 한다. 이때 절세 포인트는 대표이사의 급여가 통상 1억 원 미만으로 책정되어 있을 때 소득세 부담이 낮아서 효과적일 수 있다.

둘째, 퇴직금을 받아 가지급금을 변제하는 방법이다. 이 경우 역시 법인에서는 손금처리하게 되고, 대표 개인은 퇴직소득으로 과세하며 현금의 유출과 유입 없이 회계상에서 직접 가지급금과 상계처리도 가능하다는 장점이 있다. 소득세부담도 근로소득에 비해 상대적으로 저렴하다.

셋째, 배당금을 받아 가지급금을 변제하는 것이다. 법인 입장에서는 손금처리는 할 수 없다. 대표 개인 입장에서는 배당소득으로 과세하게 되고, 2,000만 원 초과 시에는 금융소득종합과세한다. 2,000만 원 이하의 경우에는 낮은 배당소득세를 부담할 수 있다.

마지막으로 직무발명보상금을 받아서 가지급금을 정리하는 것인데, 법인에서는 손금처리가 가능하다. 대표는 직무발명보상금의 규모에 따라 비과세 또는 사업소득이나 기타소득으로 과세해야 한다. 연간 500만 원 한도 이하일 경우에는 비과세가 가능하다.

개인 재산을 활용하여 가지급금 정리하는 방법

개인이 가지고 있는 여러 유형의 재산으로 가지급금을 변제하는 것이다.

첫째, 자기주식을 처분하여 그 대금으로 가지급금을 변제하는 것이다. 가지급금을 보유한 법인 입장에서는 자본조정항목으로 처리를 하면 되고, 대표이사 개인입장에서는 주식양도소득세 또는 배당소득세를 과세하게 된다. 이 경우 양도소득세는 근로소득세와 비교하여 상대적으로 세금 부담이 낮다.

둘째, 타인에게 본인이 보유한 주식을 팔아서 그 대금으로 변제하는 것인데, 이 경우도 첫 번째와 같이 주식양도소득세를 과세하게 된다.

셋째, 대표이사가 보유한 다른 법인의 주식을 당해 법인에게 매각하여 변제하는 방법이다. 가지급금 보유 법인 입장에서는 투자유가증권으로 자산처리를 하고, 대표 개인은 주식양도소득세를 과세한다.

넷째, 의외로 현실에서 대표들이 많이 사용하는 방법이기도 한데, 개인이 소유한 부동산을 자기 법인에 매각하여 변제하는 방법이다. 법인은 유형자산으로 처리한 후 감가상각 처리로 비용처리를 한다(법인취득 시 취득세 발생). 대표 개인 입장에서는 부동산 양도소득세를 과세한다. 양도차익이 높지 않을 경우에는 세 부담이 낮을 수 있는데, 부동산을 법인으로 매각하면서 간혹 상속세를 절세할 수 있는 경우도 존재한다.

다섯째, 개인이 소유한 임대용 부동산을 법인전환 후 신설법인의 주식을 기존 법인에 매각하여 가지급금을 변제하는 방법이다. 가지급금 보유법인은 투자유가증권으로 자산처리하고, 대표 개인 입장에서는 법인전환 과정에서 세금이 발생하고 주식양도소득세를 부담해야 한다. 이때 절세 포인트로는 세감면 현물출자의 경우 세금 부담을 이월시킬 수 있고, 주식양도소득세는 세금 부담이 상대적으로 낮으며 법인으로 부동산을 양도해 추후 상속세 절세가 가능할 수도 있다.

정리 스타일	방법	세부 고려사항
일시에 거액의 가지급금 정리	퇴직금으로 변제	법인의 정관 규정 정비
	직무발명보상금으로 변제	직무발명보상제도 제정
	자기주식처분대금으로 변제	주식시가평가 및 주주총회 등을 통한 자기주식매입절차 필수
	타인에게 주식을 매각하여 변제	주식 시가평가 필요
	개인 부동산을 법인에 매각하여 변제	부동산의 시가평가 필요
	대표이사 보유 타법인 주식을 당해 법인에 매각하여 변제	주식 시가평가 필요
	개인 보유 특허권 법인에 매각하여 변제	특허권에 대한 시가평가 필요
	전기오류수정손실로 처리	법인세 수정신고 필요
매년 일정액의 가지급금 정리	보수(급여, 상여 등)로 변제	정관 및 임원 보수 관련 규정 정비
	배당금으로 변제	중간배당을 고려한 정관 개정 및 지속적인 주주총회 필요
향후 발생할 가지급금 정리	증빙확보방안 모색	합법적인 법정 증빙 요구
	접대성 경비에 따른 가지급금은 접대비로 처리	증빙 존재와 상대방과의 관계 고려 필수

마지막으로 개인 보유 특허권을 법인에 매각하여 가지급금과 상계처리하는 방법이다. 당해 법인은 무형자산으로 처리 후에 감가상각으로 비용처리할 수 있으며, 대표 개인은 기타소득세를 과세한다. 이때 소득의 60%를 필요경비로 인정받을 수 있어 세금 부담이 상대적으로 낮다.

위 표는 앞서 설명한 가지급금 정리 방법들을 실행 시 세부적으로 고려해야 할 사항과 함께 정리 스타일별로 간략하게 만든 것이다.

발생 원인을 찾아 정리하는 방법

가지급금을 합법적으로 정리하는 일은 참 쉽지 않은 일이다. 그렇지만 기업 현장에서 가장 빈번이 발생하고 업무 특성상 상시 발생하는 일이기도 하다. 각 기업의 상황과 현실에 맞는 방법을 찾아 실행하는 것이 중요하다. 또한 회사의 가지급금의 규모와 발생 원인에 대한 파악이 선행되어야 한다.

그다음으로 일시에 거액의 가지급금 정리가 가능한 방법이 있는지 여부를 파악한 후 최적의 방법을 실행해야 한다. 늘 강조하지만 가지급금 상환 및 소득세 부담을 고려한 장기적인 급여 정책과 배당 정책을 수립하여 실행하고, 미래에 발생할 수 있는 가지급금도 최소화할 수 있는 방안도 함께 모색해야 한다.

오너 지배구조의
최대 걸림돌, 명의신탁

명의신탁주식이 발생하는 원인

중소기업 CEO를 만나다 보면 적지 않게 만나게 되는 회사들이 명의신탁주식을 가진 기업들이다. 명의신탁이란 실질적 소유주와 주주 명부에 등재된 주주의 명의가 다른 주식을 의미한다. 일반적으로 '차명주식'이라고 많이 부른다. 명의신탁주식의 발생 원인을 보자면 크게 세무적인 이유와 비세무적인 이유로 나누어 볼 수 있다.

세무적인 이유에서 명의신탁주식은 법인의 과점주주에 대한 여러 가지 세법상 제재를 회피하기 위한 변칙적 수단으로 발생하는 과점주주 회피 목적이 첫 번째이고, 금융실명제와 부동산

실명제와는 달리 주식은 주주 명부에 명의 등재(명의 개서)만으로도 소유권이 이전되므로 증여세 회피 수단으로가 두 번째 이유다. 마지막으로는 주주에 대한 배당소득에 대해 금융소득종합과세 및 그에 따른 누진과세를 회피하기 위한 수단으로서의 명의신탁주식을 가지고 있는 경우다.

비세무적인 이유를 살펴보면 먼저 상법상 발기인 조건 때문이다. 상법 제288조 발기인의 조건을 보면 2001년 7월 23일 이전에는 발기인 수의 제한이 있어 차명주식이 발생하는 가장 대표적인 원인이 되었다. 세무적으로 조세 회피의 목적이 없었음에도 상법의 제한에 따라 어쩔 수 없이 발기인 수가 필요해 지인이나 직원 등의 명의를 빌려서 법인을 설립한 경우다.

1996년 9월 30일 이전	1996년 10월 1일~2001년 7월 23일	2001년 7월 24일 이후
7인 이상	3인 이상	제한 없음

비세무적인 다음 이유는 사업상의 불가피한 이유다. 사업 내용상 어쩔 수 없는 이유로 다른 사람에게 주주 명의를 부여한 것이다. 마지막으로는 실제 주주의 신용상의 문제 등으로 자신이 주주로 나설 수 없을 경우에 다른 사람을 차명주주로 내세우는 것인데, 우리나라는 자금 조달이나 어떤 중요한 의사 결정에 있

어 중소기업 CEO를 중소기업과 동일시하기 때문에 CEO의 신용 상태가 중요시된다.

사업 실패 경험이 있든지, 신용이 좋지 않은 CEO라면 신용 상태가 좋은 다른 사람을 주주로 내세워 사업을 하는 경우도 많이 있다. 현실적으로 보면 이 경우도 의외로 많다.

명의신탁의 문제점

명의신탁에 따른 크고 작은 문제가 많이 있다. 우선적으로는 비상장 중소기업의 경우 주식가치가 매년 상승함에 따른 여러 가지 부담이 증가한다. 아래 표를 한번 보자.

| 명의신탁 사례 |

주주 명부상 주주	지분 비율	설립 시점 (자본금 5,000만 원)	현재 시점 (세법상 시가 50억 원)	비고
A(오너CEO)	50%	2,500만 원	25억 원	
B(A의 지인)	30%	1,500만 원	15억 원	25억 원 상당액의 재산이 타인의 명의로 되어 있음
C(회사 직원)	20%	1,000만 원	10억 원	
합계	100%	5,000만 원	50억 원	

법인 설립 시점에는 명의신탁주식 금액이 얼마 되지 않는다. 세무상 이유이든 비세무상 필요에 의해서든 설립을 하고 나서 매

년 열심히 사업을 하다 보면 비상장 주식가치가 계속 상승한다. 표에서 보는 바와 같이 차명주주인 B와 C의 주식가치가 설립 시점에는 2,500만 원에 불과했지만 현재 시점 주식가치가 25억 원에 달한다.

막말로 내가 설립한 법인의 재산이 25억 원이 타인의 명의로 되어 있다면 두 발 뻗고 편히 잘 수 있겠는가? 대부분 중소기업 사장님들은 사람 좋고, 직원들이 가족이나 마찬가지라고 너무도 믿고 계시는데 생각지도 않은 사태가 벌어지면 이중삼중으로 어려움에 처할 수 있다.

이때 벌어질 수 있는 문제는 크게 2가지다.

첫째, 명의신탁 사실이 밝혀지면 주식의 위탁자(실제 주주)가 수탁자(차명주주)에게 명의신탁한 시점에 증여한 것으로 보아 증여세를 과세한다. 여기에 실제 주주를 기준으로 제2차 납세의무 및 간주취득세를 적용해 과세한다.

둘째, 차명주주가 변심을 해서 소유권을 주장한다든지 경영에 간섭하는 경우를 생각해볼 수 있다. 실제로도 간혹 볼 수가 있는데, 최근에는 법원도 주주명부상 주주에게 주주권을 인정해주는 추세이기에 잘못했다가는 회사의 소유권이나 재산권을 빼앗길 수도 있다. 딴 마음을 품은 차명주주는 회사에 주식매수청구권을 행사해 자신의 주식을 매수해달라고 요구할 수 있다.

상법 제466조 및 제581조에 규정된 법적인 권리로 회계장부

열람권이 있다. 3% 이상의 주식을 소유한 주주는 회계장부열람권을 행사할 수 있다. 그리고 간혹 재산권과 경영권 분쟁이 발생할 수도 있는데, 차명주주가 사망할 경우 차명주식이 유가족에게 상속이 되어 과세 관청에서는 당연히 피상속인의 재산으로 간주하여 상속세를 부과하고 실소유자는 주식 소유권을 잃게 된다. 차명주주의 유가족들도 자신의 재산이라고 주장하여 소송까지 가는 경우도 자주 보았다.

반대로 실제 주주의 사망 시 명의신탁 사실 입증이 힘들어짐에 따라 재산권 분쟁이 벌어질 수도 있다. 처음에는 좋은 의도와 좋은 인연들이 돈 앞에, 세금 앞에 관계를 망칠 수도 있게 되며, 사업 실패 및 세금 부과 시 차명주주 및 그 가족에게도 피해가 갈 수 있다.

정밀 검증에 나선 국세청

명의신탁주식의 발생 원인에 대해 위에서 살펴보았지만, 국세청은 실제로는 차명주식이 편법 증여 등 고액 탈세뿐만 아니라 체납 처분 회피, 주가 조작 등 불법 거래에 악용되어 지하경제를 확대하는 등 사회악의 하나로 보아 조속히 정상화할 필요가 있다고 여기고 있다. 가끔 언론에서도 유사 사례를 접할 수 있는데 국세청의 주요 추징 사례 중 몇 가지를 말해보자면 다음과 같다.

- 사주가 법인 자금을 이용하여 임직원 명의로 유상증자(즉 명의신탁)를 실시한 후 해당 주식을 양도거래를 가장하여 자녀에게 이전하는 수법으로 경영권 승계
- 고령의 창업주가 상속 재산을 줄이기 위해 상속 개시 전 명의신탁주식 중 일부만 손자에게 성실하게 신고한 것처럼 공시하고 나머지 명의신탁 주식을 은폐
- 모그룹 A회장은 수십 년간 친인척, 임직원, 거래처 대표 등의 명의를 빌려 숨겨둔 계열사 주식을 경영권 승계를 위해 아들에게 양도로 가장하여 주식을 증여
- 창업주가 명의신탁한 주식을 상속세 신고 시 누락한 후 차명으로 관리하면서 배당금과 주식 양도 대금을 차명으로 수령하여 세금 탈루

지금도 S그룹의 경영권 승계문제로 늘 이슈가 되고 있지만, 상기의 사례는 현실세계에서 의외로 빈번이 발견할 수 있는 일이다.

이에 국세청은 2016년 하반기부터 국세 행정 시스템인 엔티스(NTIS)의 정보 분석 기능을 기반으로 '차명주식 통합분석시스

템'을 구축해 명의신탁을 이용한 탈세 행위 차단에 세정 역량을 집중하고 있다. 동 시스템은 장기간에 걸친 주식 보유 현황, 취득·양도 등 변동내역, 각종 과세자료, 금융정보분석원(FIU) 등 외부기관 자료까지 연계하여 주식의 취득·보유·양도의 모든 과정을 통합 분석함으로써 명의신탁 혐의가 높은 자료만을 선별하여 정밀 검증이 가능하다. 한마디로 어설프게 차명주식을 처리하려고 했다가는 정말 어려움에 처해질 수 있다.

차명주식 회수 방법

차명주식의 회수를 위해서는 크게 다음 5가지 방법을 생각해 볼 수 있겠다.

명의신탁주식 실제 소유자 확인제도 이용

일정한 요건을 충족한 기업이 명의신탁주식 실제 소유자 확인 신청을 할 경우에는 다소 증빙 서류가 미비하더라도 복잡한 세무 검증 절차를 거치지 않고, 신청 서류와 국세청 보유 자료 등을 활용하여 간소한 절차로 명의신탁주식의 환원이 이루어지도록 하는 제도로, 차명주식 해결의 최선책이다.

일반 명의신탁 해지

입증 가능성과 세금 부담 여력이 있을 경우의 해결책으로 당사자 간의 합의 등에 의해 명의신탁임을 입증하여 차명주주로부터 실제 주주가 해당 주식을 회수하는 방법으로 명의신탁 시점을 기준으로 증여세와 가산세가 부과된다.

명의신탁 사실 입증이 가능하고, 명의신탁 입증 시 나오는 세금이 제척기간 경과로 없거나 부담 가능한 수준일 경우에 적합한 방법이 되겠다.

이때 핵심 포인트는 명의신탁 사실 입증을 위한 사전 준비가 되어야 한다는 점이다. 예를 들어 설립 시 자본금 출자에 대한 금융 증빙, 배당과 관련된 금융 증빙, 과거에 작성된 명의신탁합의서, 명의신탁 당시의 관계자들에 의한 사실 확인서 등이 준비되면 실행 가능하다. 단 입증 시의 증여세에 대한 정확한 예측 및 부담 가능 여부에 대한 판단도 선행되어야 한다.

최초 명의신탁 시점 이후에 유상증자가 있을 경우에는 해당 유상증자도 명의신탁으로 간주되어 증여세가 과세되므로 주의해야 한다. 또한 유상증자 시점의 시가에 의한 증여세 과세이므로 많은 증여세가 과세될 우려가 있다. 명의신탁 사실이 부인되면 지금 시점의 증여로 보아 많은 증여세가 과세되므로 입증 가능성이 높을 경우의 해결책이 되겠다.

소송을 통한 명의신탁해지

실제 주주와 차명 주주가 소유권에 다툼이 있을 때 소송을 통해서 법원의 판결문을 받아 명의신탁주식을 회수해오는 방법이다. 이 경우 주의사항으로는 당사자가 변론 기일에 출석하지 않거나 피고가 답변서를 제출하지 않는 경우 등 자백 간주에 의한 판결문은 과세 관청에서 실질이 없다고 보고 판결문을 부인할 가능성이 높다. 명의신탁 시점을 기준으로 증여세와 가산세가 부과된다.

위의 3가지 해결방법 즉, 명의신탁주식 실제 소유자 확인제도, 일반 명의신탁해지, 소송을 통한 명의신탁해지 방법을 하나의 표로 정리해보면 다음과 같다.

구분			실행 방법
당사자 간 합의	간소화요건 충족		명의신탁 해지 합의 + 간소화 신청
	간소화 요건 불충족	명의신탁 입증 가능	명의신탁 해지 합의
		명의신탁 입증 애로	소송
당사자 간 합의 불가능			

비특수관계자 간의 저가매매

소득세법상 및 상증세법상 특수관계가 없어야 효율적으로 해결 가능한 방법으로 시가와 대가의 차이가 3억 원을 넘지 않도록 해야 한다. 세법상 시가의 정확한 평가와 특수관계자 여부에 대한 정확한 판단이 선행되어야 하며, 실제가 부인당하지 않도록 매매 대가에 대한 자금흐름을 명확히 해야 하고, 간주취득세에 대한 사전 검토가 필요하다.

영업부진, 퇴직금 지급 등으로 일시적으로 세법상 시가가 낮을 때에 실행하는 것이 효과적이겠다. 이 경우는 주식양도소득세와 증권거래세가 부과된다.

기타 방법

기타 활용할 수 있는 방법으로 주식증여, 자기주식제도의 활용, 이익소각제도의 활용, 관계회사주식 매각 등의 방법이 있다. 각각의 회사가 상황과 현실에 맞는 방법을 선택해서 장기적인 관점에서 신중하게 접근해야 할 것이다.

자기주식으로
절세하자!

자기주식 특징

'자기주식(treasury stock)'이란 주식회사가 이미 발행한 주식을 매입 또는 증여에 의해 재취득해서 보유한 주식을 말한다. 자기주식은 상법상 의결권, 배당권, 신주인수권이 없다. 기업회계기준상으로는 자본조정항목이며, 순자산의 마이너스(-) 항목이다.

자기주식을 활용하여 차명주식 회수, 가지급금 회수, 경영권 방어, 비과세 상속재산 확보, 가업승계, 이익금 환원, 임직원 보상 재원 마련 등 실무상에서 다양한 CEO 리스크 해결에 활용할 수 있다. 그리고 처분 시 자기주식처분손실이 발생할 경우에는 법인세 절세 효과가 있다. 또한 소유권이 법인으로 이동하여 상속대상 자산에서 제외(단, 보유 후 처분 목적의 자기주식은 상증세법상 사업무관자산임)되어 상속세를 절세할 수 있다.

자기주식은 분류과세되므로 비교적 낮은 단일세율을 적용받게 되어 절세 효과가 있다. 비상장주식의 양도에 대해 양도소득세가 과세되는데, 과세표준 3억 원 이하는 20%, 3억 원 초과 금액에 대해서는 25%의 단일세율이 적용되므로 종합소득세를 줄일 수 있다. 또한 국민연금 및 건강보험이 부과되지 않는다.

자기주식 취득 관련 상법 규정

2011년 4월 14일 개정(2012년 4월 15일 시행) 전 상법은 자기주식의 취득을 엄격히 규제했다. 이는 회사가 유상으로 자기주식을 취득하면 회사의 순자산이 감소해 채권자와 주주의 이익을 침해하고, 자기주식의 매입은 실질적으로 출자금을 반환하는 것과 같으므로 일부 주주를 선정하여 자기주식을 매입하면 선정에서 제외된 주주와의 형평성이 침해될 수 있으며, 회사 내부자의 주가 조작에 의한 투기거래로 악용될 우려가 있다는 이유 때문이었다.

하지만 자기주식의 취득과 배당은 회사의 재산을 주주에게 이전한다는 점에서 유사하므로 자본 충실의 우려, 즉 주주들이 마음대로 자본을 훼손할 수 없고 주주 평등권을 침해하지 않는 경우까지 자기주식의 취득을 규제한다는 것은 부당하다는 지적이 많았다. 또한 상법의 엄격한 규제와 달리 「자본시장 및 금융투자업에 관한 법률」에서는 상장법인은 배당가능이익의 범위에서 자기주식을 취득하는 것을 허용하고 있었다.

이에 2011년 4월 14일 상법을 개정하여 자기주식의 취득을 전면적으로 허용하고, 자기주식 취득은 주주 평등의 원칙과 공정성을 도모하기 위하여 각 주주가 가진 주식 수에 따라 균등한 조건으로 취득하되 배당가능이익 범위 내에서 취득하도록 하였다.

상법 제341조 1항에 따르면 자기주식 취득 방법은 다음과 같다.

구분	자기주식의 취득 방법
균등조건에 의하여 취득하는 방법	① 회사가 모든 주주에게 자기주식(상환주식 제외) 취득의 통지 또는 공고를 하여 주식을 취득하는 방법 ② 「자본시장과 금융투자업에 관한 법률」 제133조부터 제146조까지의 규정에 따른 공개매수의 방법
거래소에서 취득하는 방법	거래소에서 시세가 있는 주식의 경우에는 거래소에 취득하는 방법

자기주식의 세법상 특징

세법상의 특징을 개인주주의 입장과 법인의 입장에서 살펴보면 다음과 같다.

개인주주 입장

자기주식의 경우 양도소득세와 배당소득세, 증권거래세의 과세대상이 된다. 소각 이외의 목적(단순매매목적)과 소각 목적의 자기주식 취득으로 구분하여 세법이 적용된다. 소각 이외의 목적으로 자기주식을 취득할 경우 양도차익에 대하여 양도소득세를 과세하고, 소각목적일 경우 과세대상이 아니다. 배당소득세도 소각 목적의 취득일 경우에 한하여 양도차익 상당액에 대하여 배당소득세를 과세한다. 증권거래세는 소각 이외의 목적의 자기주식 취득일 경우에만 과세한다. 과세의 귀속 시기는 소각 이외의 목적일 경우 매매 시기가 되겠고, 소각 목적의 취득일 경우 주식의 소각을 결정한 날(주주총회 결의일)을 과세의 기준으로 한다.

| 자기주식의 세법상 적용 |

구분	소각 이외의 목적(단순매매)	소각 목적
양도소득세	양도차익에 대하여 양도소득세	대상 아님
배당소득(종합소득세)	대상 아님	양도차익 상당액에 대하여 배당소득세(의제배당)
증권거래세	양도가액에 대하여 증권거래세	대상 아님
과세의 귀속 시기	매매 시기	주식의 소각을 결정한 날 (주주총회결의일 등)

법인 입장

특수관계자인 개인 주주로부터 시가보다 저가로 매입할 경우 그 차액에 대해서 익금산입하여 법인세를 과세한다(무상취득일 경우 포함). 고가로 매입할 경우에는 그 차액에 대해서 상여(또는 배당) 처리한다.

자기주식에 대한 여러 가지 논란

자기주식에 대해서는 오랜 기간 적지 않은 논란과 주장들이 있어왔다. 그만큼 잘만 활용하면 효과적인 방법이란 방증도 되겠고, 제대로 자기주식의 방법을 활용하지 않으면 위험이 있다는 말도 되겠다. 논란이 되는 몇 가지 주장에 대해서 설명해보겠다.

주장 1: 세율이 인상되어 더 이상 메리트가 없어졌다

이 주장에 대해서는 메리트가 없어졌다는 표현보다는 소득세법의 개정으로 세율이 올라가서 과거보다는 메리트가 조금 줄어들었다는 게 정확한 표현이 되겠다. 중소기업 대주주의 주식 양도소득세가 2015년까지는 주식 양도차익의 10%(비중소기업은 20%)로 저율 과세하였으나, 2016년 이후에는 자본소득의 과세형평성 제고라는 취지로 세법이 개정되어 중소기업 대주주의 주식 양도소득세율이 20%(3억 원 이하 20%, 3억 원 초과 25%)로 인상됨에 따라 과거보다는 장점이 조금 줄었다고 할 수 있겠다.

그렇지만 현실적으로 20%대의 양도소득세율은 상여나 배당에 비하여 여전히 낮은 세율이고, 4대보험도 부과되지 않는 장점도 있으며, 회사의 이익 구조에도 영향을 미치지 않는다. 그리고 증여 후 자기주식실행을 통하여 실효세율을 10% 미만으로 떨어뜨릴 수 있어 여전히 매력적인 솔루션임에 틀림이 없다.

주장 2: 자기주식 매입대금은 무조건 배당이다

이 주장에 대한 정확한 답변은 자본감소절차의 일환으로 이루어진 자기주식 취득으로서 실제로 주식을 소각해야 배당으로 과세할 수 있다.

주장 3: 불법적이고 가지급금 처분을 받을 수 있으며 세무조사를 받는다

이제는 실무적으로 많은 세무사들도 자기주식 취득에 대해서 인지하고 이해를 하고 있지만 불과 몇 년 전만 하더라도 위험하고 불법적이라는 주장이 엄청 많았다. 정확한 법적 절차를 준수해서 적법한 목적으로 자기주식을 취득하는 행위는 합법이며, 가지급금도 아니고 기업이 원하는 목적에 활용할 수 있는 최고의 솔루션이다.

주장 4: 취득 절차가 복잡하다

당연하다. 어렵고 복잡한 작업임에 틀림이 없다. 상법상에 지켜야 하는 자기주식의 실행 절차를 준수해서 진행해야 한다. 주주들에게 자기주식 취득에 대해 매입통지서 발송 기간을 14일 이상 준수해야 하고, 주식 양도 신청 기간도 최소 20일 이상 부여해야 한다. 이런 상법상의 절차를 준수하지 않을 경우 문제가 생길 수 있다.

자기주식 취득의 문제 사례들

자기주식 취득을 제대로 하지 못해 세무조사에서 문제가 되기도 한다. 상법상 취득 절차를 위배해서 가지급금으로 처리가 된 경우도 있고, 특수관계자인 주주에게 업무상 목적 없는 자기주식을 취득해서 이런 경우 역시 가지급금 처리가 된 경우도 있다. 전기 말 배당가능이익을 초과한 자기주식 취득에 대해서는 이사에게 책임을 묻게 되고, 세법상 정확한 시가 평가가 이루어지지 않을 경우 시가 초과분에 대해서는 세무서에서는 상여 처분을 한다.

자기주식 취득 이후의 사후 관리도 늘 문제가 될 수 있으므로 취득 과정과 그 이후의 자금 흐름에 대해서도 명확하게 정리가 되어야 한다. 또한 명확한 취득 목적 없는 장기간 자기주식 보유도 논란의 소지가 될 수 있다.

| 자기주식취득 일정표 |

일정	절차	비고
D-58	이사회 소집통지	이사회일 1주간 전
D-51	이사회 개최 및 이사회의사록 작성	
D-50	주주총회 소집통지	주주총회일의 2주간 전
D-36	주주총회 개최 및 주주총회의사록 작성	주주총회 보통결의 (출석주주 과반수와 발행주식총수 1/4 이상)
D-42	이사회 소집통지	이사회일 1주간 전
D-35	이사회 결의	자기주식취득관련 다음 사항을 결정 ① 자기주식 취득의 목적 ② 취득할 주식의 종류 및 수 ③ 주식 1주를 취득하는 대가로 교부할 금전이나 그 밖의 재산의 내용 및 그 산정 방법 ④ 주식 취득의 대가로 교부할 금전 등의 총액 ⑤ 20일 이상 60일 내의 범위에서 주식 양도를 신청할 수 있는 기간 ⑥ 양도신청 기간이 끝나는 날부터 1개월의 범위에서 양도의 대가로 금전 등을 교부하는 시기와 그 밖에 주식 취득의 조건
D-34	주주에 대한 양도통지	양도신청 기간 시작 2주간 전 (서면 또는 각 주주 동의 받아 전자문서)
D-20	주식양도신청 기간 개시	20일 이상 ~ 60일 내
D-day	주식양도신청 기간 종료	20일 이상 ~ 60일 내
	주주의 주식양도 신청	양도신청 기간이 끝나는 날까지 (양도주식의 종류와 수를 서면으로 신청)
	주식취득계약 체결	주식양도신청 기간 종료 즉시
D+30	주식양도대금의 지급	양도신청 기간이 끝나는 날부터 1개월 이내

중소기업도
이익금 환원이 필요하다

이익금 환원이 필요한 이유

법인은 거래 상대방에게 재화와 용역을 제공하고 대가를 받는다. 이것이 법인 명의의 이익금이 되고 법인의 재산이 된다. 오너 CEO도 법인에 투자(주주)나 경영(CEO)을 하고 대가를 받는데, 법인에 쌓인 이익잉여금 중 일부를 오너 CEO가 투자 및 경영의 대가로 환원해 가는 것을 '이익금 환원'이라고 한다.

중소기업 현장을 다녀보면 회사는 번듯하게 자기 건물도 있고 매출액도 큰데 CEO는 의외로 자기 집 한 채 달랑 가지고 있는 경우를 자주 보게 된다. 이와 같은 상황이 바로 이익금 환원이 필요한 이유다. 이익금 환원이 필요한 이유를 다음 4가지로 나누어 구체적으로 살펴보겠다.

개인사업과 법인사업의 근본적인 차이

먼저 개인사업자의 법적 주체는 사업주 개인이지만, 법인의 사업상의 법적 주체는 법인 그 자체이지 CEO 개인이 아니다(법인은 별도의 법인격을 보유하므로 법인등록번호 존재). 개인사업의 사업소득은 곧 사업주 개인의 소득이 된다. 그러나 법인사업의 사업소득은 오너 CEO의 소득이 아니라 법인 자체의 소득이다.

쉽게 말해서 법인이 번 돈은 CEO 개인의 돈이 아니라 법인의 돈이라는 말이 된다. 사업 관련 재산의 소유라는 측면에서 보면, 개인사업의 각종 자산은 사업주 개인 명의 자산이 된다. 부동산이든 사업용 계좌, 신용카드 등 모두 개인사업자 개인명의의 재산이다.

그러나 법인의 경우에는 법인 사업의 각종 자산은 법인 자체의 자산이지 오너 CEO 명의의 자산이 아니다. 부동산, 사업용 계좌, 자동차, 신용카드 등 모두 법인사업자의 법인 명의의 자산이다. 즉 법인의 주식이 오너의 소유이지, 법인의 소득과 재산 그 자체가 오너의 소유는 아니라는 말이다.

오너 개인의 재무적 차원

위에서 회사는 부자인데 CEO는 가난한 경우를 흔히 보게 된다고 언급했는데, 오너 CEO 개인 명의의 자산 취득과 소비를 위해서는 법인의 자금이 아닌 개인의 자금이 필요하다. 생활비, 자녀에 대한 교육비, 주택마련자금, 노후자금, 부모님 용돈 등의 개인 용도의 지출이나 모든 자산 취득과 소비를 법인 명의로만 할 수가 없다. 그래서 이익금 환원이 되지 않을 경우 부자 회사의 가난한 CEO가 될 수도 있는 것이다.

세무적 이유

현재 우리나라는 부동산 취득이나 여러 가지 면에서 자금출처조사를 하고 있다. 부동산 정책이 시장에서 실패하여 아파트 전세나 매매 가격이 최근 급등하고 이에 따라 과세 당국이 부동산에 대한 세금 부담을 높이고 있고, 편법 증여가 늘어남에 따라 자금 출처에 대한 조사가 강화되고 있다. 즉 부동산, 주식, 회원권을 포함한 재산 증가액과 신용카드나 해외 체류비 등을 포함한 소비 지출액의 합계가 신고한 소득 금액을 초과할 경우에는 세금 탈루 혐의로 조사를 한다. PCI 조사라는 것인데 합법적 이익환원, 즉 신고 소득이 부족할 경우에는 개인 명의의 재산 취득과 소비 시 세무조사를 받을 수 있다.

그리고 가지급금이나 차명주식을 정리하고, 가업승계 시의 세금 부담을 줄이고 납세 재원을 확보함과 동시에 외부 감사 관리 등의 오너 CEO 리스크 관리를 위해서도 이익금 환원이 절대적으로 필요하다.

전략적 주식가치 관리 차원

주식가치는 순자산가치와 순손익가치의 합계로 정해지는데, 적정한 수준의 합법적인 이익 환원(보수와 배당 등)을 받지 않을 경우 기업의 세법상 주식가치 평가가 과도하게 높아져 추후 가업 승계, 차등 배당을 위한 지분 이동, 차명주식 정리 및 기타 사유로 인한 주식 이동 시 세금 부담이 과도하게 높아지게 된다.

이익금 환원 방법

기업 현장에서 만날 수 있는 우리나라 중소기업의 CEO들은 대부분 오너 CEO들이다. 오너는 법인에 자본금을 투자한 대가(배당, 감자대가, 자기주식매각·소각 등)를 받을 수 있고 이 대가에 대해 배당소득세나 양도소득세를 낸다.

CEO는 법인을 경영하는 대가로 보수(근로소득, 퇴직소득)를 받고 이에 대한 세금을 내고 있다. 이를 이익금 환원의 주체와 회수 방법 그리고 세법에 따라 분류해보면 다음 표와 같다.

회수 주체	회수 방법		세법상 취급	
			법인세법	소득세법
임원	보수	급여·상여	(요건 충족 시) 손비 인정	근로소득
		퇴직금		퇴직소득 (단, 퇴직소득한도 초과는 근로소득)
		유족보상금		
주주	배당		손금 불인정	배당소득
	감자·소각			(의제)배당소득
	자기 주식	소각 목적		
		보유 후 처분 목적		양도소득
발명자	직무발명보상금		손비 인정	근무 중: 근로소득 (한도 내 비과세)
				퇴직 후: 기타소득
	특허권 등 매매		손비 인정 (감가상각)	기타소득 (60% 비용)
	특허권 등 임대차		손비 인정	사업소득

이익금 환원 전략

합법적이고 절세가 가능한 이익금 환원의 전략으로는 크게 4가지 방법으로, 소득 종류 분산, 소득 귀속 명의의 분산, 소득 귀속 시기의 분산, 기타의 방법이 있다.

소득 종류 분산

법인 사업을 통해서 발생시킬 수 있는 소득의 종류를 분산시킴으로써 절세가 가능하다. 효과적인 소득 종류의 분산 방법은 다음과 같다. CEO 본인 1인의 소득도 소득 종류를 잘 분산시켜 환원하면 절세할 수 있다.

- 종합소득(근로소득, 배당소득) + 분류과세되는 소득(퇴직소득, 양도소득)
- 종합소득(근로소득, 배당소득) + 분리과세되는 소득(2,000만 원 미만의 금융소득)
- 종합소득(근로소득, 배당소득) + 필요경비 60%를 인정받는 기타소득(특허권, 영업권 등의 매각 등)
- 종합소득(근로소득, 배당소득) + 비과세되는 소득(직무발명보상금, 유족보상금 등)

소득 귀속 명의 분산

법인 사업에서 발생하는 소득의 귀속 명의를 분산시킴으로써 절세가 가능하다. 실제로 법인에서 가족이 일을 하고 있다면 임원 등재 후 임원보수와 임원퇴직금과 유족보상금을 가져갈 수 있도록 설계하면 된다. 법인에서 일을 하지 않는 가족은 주주 등재 후에 차등 배당 전략을 구사하여 이익금을 환원할 수 있다.

다음으로 주주인 가족은 차등 배당 및 자기주식 전략을 구사하면 효과적이고, 주주이면서 실제로 법인에서 근무 중인 가족은 임원 등재 후 임원 보수와 퇴직금과 유족 보상금 전략, 여기에 차등 배당과 자기주식 전략을 함께 활용하여 절세 효과를 극대화하며 이익금 환원을 할 수 있다. 이렇듯 한 명보다는 여러 명으로 귀속 명의가 분산되는 것이 절세에 효과적이다.

소득 귀속 시기 분산

법인 사업에서 발생하는 소득의 귀속시기를 분산시킴으로써 절세가 가능하다. 매년 적은 금액의 근로소득을 가져가다 특정 시점에 거액의 근로소득을 가져가는 것보다는 매년 꾸준히 근로소득을 가져가는 것이 소득세 절세에는 효과적이다. 다시 말해 소득은 특정 시점에 집중되기보다는 분산되는 것이 절세 측면에서 좋다.

기타 제도와 공제 활용

여러 가지 소득공제와 세액공제 제도를 이용하는 것도 이익금 환원에 도움이 된다. 활용하면 도움이 되는 효과적인 방법으로 다음과 같은 것들이 있다.

• 세제적격연금저축, 퇴직연금 추가납입: 합산 연 700만 원

한도

- 노란우산공제: 소상공인 요건 충족 시 연간 최대 500만 원 한도
- 신용카드 사용액 소득공제: 연간 300만 원 한도
- 보장성보험: 연간 100만 원 한도 내 소득공제 가능
- 근로소득 비과세 항목: 자가운전 보조금(월 20만 원 한도), 식대(월 10만 원 한도), 보육수당(월 10만 원 한도), 근로자 본인의 업무 관련 학자금
- 자본준비금의 감액배당을 활용한 배당소득 비과세나 증여재산 공제

성공적인 가업승계
전략 세우기

성공적인 가업승계의 중요성

가업승계란 창업주 등 일가(一家)가 지배하고 경영하는 회사의 지분과 경영권을 일가의 후계자에게 이전하여 2세대 이상에 의해 회사가 유지되는 것을 의미한다. 즉 기업이 사업의 동일성을 유지하면서 상속, 증여 또는 매매 등을 통해 그 기업의 소유권과 경영권 및 기업의 무형자산(경영노하우, 기술, 창업자의 가치관 등)을 후계자 등에게 이전하는 것을 말한다.

성공적인 가업승계가 중요한 이유를 국민 경제적 차원과 기업주 개인 차원에서 생각해볼 수 있다.

국민 경제적 차원

각 기업의 기술 및 경영 노하우의 지속 및 발전을 통한 국가 경쟁력 강화 관점에서 중요하고, 고용유지 및 신규 고용 창출 면에서도 중요하다. 중소기업이 한국 고용시장의 85% 이상을 담당하고 있다.

기업주 개인 차원

평생을 바쳐 피땀을 흘려 일군 회사의 지속 및 발전을 통해 창업주의 업적과 가치관의 승계를 할 수 있으며, 사회적 가장역할을 하는 창업주의 유가족 및 종업원들에게 안정된 미래를 상속할 수 있는 등 성공적 가업승계는 국민 경제와 기업주 모두에게 매우 절실한 문제다.

가업승계는 왜 어려운가

가업승계의 어려움은 한두 가지의 단순한 문제로 제기되지 않는다. 따라서 해법을 도출하는 것도 만만치 않은 일이다. 우선 가업승계의 어려움은 재무적인 문제점과 비재무적인 문제로 나누어 생각해볼 수 있다.

재무적인 문제

가업승계의 대상이 되는 회사는 말 그대로 '승계를 고려할 만큼 가치가 있는 회사'이다. 그 가치는 회사의 주식가치로 반영된다. 그리고 가업승계의 법률적 완성은 회사 주식의 이전으로 이루어진다. 회사의 주식이 이전될 때는 그 원인에 따라 세금이 부과된다.

증여로 이전될 때는 증여세, 상속으로 이전될 때는 상속세, 양도로 이전될 때는 양도소득세이다. 가치가 있는 회사의 주식의 이전이기 때문에 어떤 경우이건 '높은 세금'이 발생한다. 당연히 절세를 고려해야 하며, 이는 결코 쉬운 일이 아니다.

가업승계에 대한 세금이 정해지면 결국은 세금납부재원 마련의 문제가 남게 된다. 결국 '가문의 재산에 대한 유동성 문제'와 '후계자의 자금출처 입증'의 문제로 귀결된다.

또한 회사의 주식을 창업주가 100% 소유하고 있는 상황이 아니라면 가업승계 과정에서 다른 주주에 대한 정리문제가 발생할 수 있다. 동업이나 명의신탁이 해당된다. 동업의 경우에는 보상의 문제이고, 명의신탁의 경우는 증여세나 양도소득세 등의 문제가 발생한다.

비재무적인 문제

가업승계를 고려하고 있다는 말은 현재 사업은 잘되고 있다는 의미인데, 지금까지의 성공과 성장이 미래에도 계속 이어진다는 보장은 없다. 이 문제는 어떤 회사에 대해서나 항상 존재하는 문제겠지만 특히 가업승계를 고려할 때는 본질적으로 따져봐야 할 사항이다. 만일 회사의 현재 사업에 대한 지속성을 신뢰할 수 없다면 가업승계가 아니라 청산을 하는 게 나을 수도 있기 때문이다. 이런 이유로 후계자의 선정과 후계자에 대한 경영 수업이 중요하다.

기업 현장을 방문해 보면 의외로 후계자에 대한 불안감과 준비 부족으로 가업승계를 망설이는 기업들이 많이 있다. 맨바닥에서 온갖 시행착오와 성공과 실패를 겪으면서 성장하고 성공한 창업주와는 달리 중소기업의 후계자는 상대적으로 유약하고, 시장과 경쟁 환경에 대한 경쟁력을 갖추지 못한 경우가 많다. 그래서 가업승계의 시점을 결정하는 것도 어렵고, 후계자를 선정하고 준비시키는 것도 현실적으로는 어려움이 많다.

아무튼 여러 고민의 과정을 거쳐 가업승계를 결심하게 되면 승계 후 회사의 인적 구성을 고려하는 것도 중요한 문제다. 자녀가 1인이거나 후계 대상을 1명으로 제한하는 경우에는 상관없겠지만, 다수의 자녀가 있는 상황에서 후계자를 1인으로 제한하거나 2인 이상 다수로 하는 경우의 문제다.

이때는 가업승계 대상 회사뿐만 아니라 가문 전체의 재산에 대한 분배비율을 고려해야 하므로 사실상 상속 설계의 문제로까지 확장된다. 가업승계로 제한하더라도 2인 이상의 후계자가 있는 경우에는 아무리 후계자 상호 간 혈연관계를 고려하더라도 지분 및 경영권의 헤게모니는 확실히 할 필요가 있다.

그리고 경영과 관련하여 후계자가 충분히 경영 수업을 마치고 준비가 될 때까지 일정기간 동안 전문경영인을 통해 회사의 지속성을 유지하면서 동시에 경영 수업이 이루어지도록 계획하는 것도 중요한 문제라 할 수 있다.

가업승계의 유형

가업승계의 유형은 혈연승계, 전문경영인에 의한 혈연승계, 비혈연승계, 승계 포기 등의 유형이 있는데 회사의 상황에 따라 적절한 방법을 선택해야 한다.

혈연승계

혈연승계란 가문의 내부에서 가업승계가 이루어지는 것을 말한다. 후계자가 직계존속으로부터 가업을 승계받는 수직적 승계와 형제간 가업을 승계하는 수평적 승계로 구분할 수 있다. 기본적으로 가업승계는 혈연승계다.

전문경영인에 의한 승계

가업승계의 대전제이자 가장 중요한 것으로 후계자에 대한 경영 수업이 있다. 경영 수업을 통해 실질적인 지식을 함양하거나 경험을 전수하는 것도 중요하지만, 회사의 이해관계자(주요 거래처, 채권자, 기타 주주 등)에 대한 신뢰도를 유지하는 것도 중요하다. 이를 위해서 전문경영인이 일시적인 경영권의 위임을 받아 상속 계획의 일환으로 진행되는 경우가 많다.

전문경영인의 임무는 일반적인 기업 경영 외에 가업승계자에 대한 교육, 승계자가 경영권을 행사하기 위해 준비될 때까지 회사를 안정적으로 유지하는 일이다.

비혈연 승계

비혈연승계란 직계존비속 간, 형제간 승계가 아닌 승계를 말하는데, 일반적인 모습은 아니고 소극적인 가업승계로 이해하면 되겠다.

승계 포기

가업을 더 이상 가문 차원에서 유지하지 않겠다는 것이다. 가업이라는 가문 차원의 재산을 회사가 아닌 다른 재산으로 전환하기 위한 목적이거나, 현재의 회사를 더 이상 유지하지 못할 것을 확정하기 위함이다. 전자는 최대주주가 타인에게 주식을 매각하는 경우이고, 후자는 청산을 하는 것이다.

가업승계의 문제점

중소기업중앙회가 업력 10년 이상의 중소기업 500곳을 대상으로 실시한 '2020년 중소기업 가업승계 실태조사'에 따르면 76.2%의 대상자가 기업 지속을 위해 가업승계가 중요하다고 생각했다. 그리고 가업승계를 추진할 때 가장 어려운 점으로 94.5%가 '막대한 조세 부담 우려'를 꼽았다. 그다음으론 '가업승계 관련 정부정책 부족' 55.3%, '후계자 경영 교육 부재' 15.1%, '가업승계 후 경영 악화' 10.8% 순이었다. 통계자료에서 알 수 있듯이 가업승계 관련한 세금문제 해결은 성공적인 가업승계의 필수조건이라 하겠다.

또 다른 문제는 중소기업 오너 CEO들의 자산구조를 보면, 부동산을 포함한 비유동성 자산 비중이 전체 재산의 87%를 차지할 정도로 상속세 납부에 필요한 유동성이 절대적으로 부족한 상황이다.

현실이 이렇다 보니 상속 상황이 발생하면 고율의 상속세가 부담된다. 또한 납세 재원을 마련하기 위해 부동산 등의 물납이나 헐값 처분, 담보 대출, 주식을 세금으로 물납하거나 세금 납부 재원 마련을 위해 주식 처분으로 경영권 유지에도 문제가 발생할 가능성이 크다. 이에 따라 당연히 법인 유동성 자금 부족 상황이 발생하고, 가장 위급한 상황에서 창업주가 부재하면 법인도 도산할 가능성이 높아져 기업 존속 자체가 불확실해진다. 유가족도 생계불안의 상황에 처하게 된다. 이렇듯 세금 준비 없는 가업승계는 유가족과 가업의 생존을 힘들게 만들 수 있다.

가업승계 전략과 세금 마련 계획

가업승계의 핵심은 결국은 '막대한 세금을 어떻게 줄일 것인가'와 '납부할 세금을 어떻게 마련할 것인가'의 문제다. 즉 절세와 세금납부재원 마련(자금출처입증)의 문제인 것이다.

임원으로 등재하라
기본부터 차근차근 회사의 업무와 경영을 배운다는 측면에서는 말단 직원부터 시작하는 게 의미가 있겠지만, 형식적으로는 하루라도 빨리 임원으로 등재하는 것이 좋다. 그리고 임원 상여금 지급 규정과 임원 퇴직금 지급 규정 등을 정비하여 후계자로 하여금 자금출처를 만들 수 있는 그릇을 만들어야 한다.

적극적으로 증여하라

적극적인 사전증여는 빠르면 빠를수록 좋다. 증여의 대상은 향후 가치 상승이 예상되는 것으로 선정하여 사전증여를 적극적으로 해야 한다. 우선 현금을 증여하여 이를 재원으로 자녀의 소득출처 범위 내에서 향후 가치상승이 예상되는 주식이나 부동산을 취득하는 것이 좋은 방법이다.

자녀를 주주로 만들고 적극적으로 배당하라

증여세 규모를 고려했을 때 많은 주식을 증여하기는 곤란할 수 있지만, 일단 주식을 증여하여 주주로서 권리를 행사할 수 있도록 만들어주는 것이 의미가 크다. 자녀에게 배당을 매년 적극적으로 실행하여 향후 납부해야 할 세금, 자산 취득 자금 및 기타 투자할 수 있는 자금 출처를 만들어줘야 한다.

매매(양도)로 주식을 이전하라

주식을 증여할 때와 양도할 때의 세금 차이가 크다. 증여세는 증여하는 주식가액에 대해 최저 10%에서 최고 50%의 세율이 적용된다. 하지만 양도소득세는 양도가액에서 취득가액, 취득경비 등을 차감한 후의 가액에 20%의 세율이 적용된다. 당연히 양도소득세가 저렴하기 때문에 실질은 증여이지만 매매의 형식을 빌려서 주식을 이전한다.

또 하나의 이유를 들자면, 세금을 내는 주체가 달라진다는 것이다. 증여의 경우는 수증자인 자녀가 증여세를 내야 하고, 매매의 경우에는 양도자인 부모가 양도소득세를 내기 때문에 주식을 이전할 때는 당연히 증여보다는 양도로 주식을 이전하는 것이 유리하다.

주식가치를 낮춰라

가업의 주식가치를 낮출 수 있다면 가업승계에 따른 상속세나 증여세를 절세할 수 있을 뿐만 아니라 상속세나 증여세 납부재원도 줄어드는 효과가 있다. 즉 주식가치를 낮추는 것이 가업승계 절세전략의 가장 구체적이고 핵심적인 내용이라 할 수 있겠다.

개인사업은 법인전환 후 증여하라

개인사업인 기업의 가치는 개인사업의 자산가액에서 부채가액을 차감한 순자산액과 영업권의 합계로 계산된다. 여기에서 개인사업의 자산가액 중 사업용 자산으로 토지를 보유하고 있을 경우에 큰 세금의 문제가 대두된다. 외형적으로는 가업승계이지만 실질은 부동산의 증여나 상속인 셈이 되기 때문이다.

부동산의 속성상 유동성과 유연성이 부족하기 때문에 부동산을 유동성과 유연성이 용이한 주식화할 수 있다면 가업승계 시 발생하는 세금을 줄일 수 있다. 다시 말해서 개인사업을 법인으로 전환하면 실질적인 승계 대상인 부동산의 소유주는 부모에서 법인으로 바뀌고, 부모는 법인의 주식을 소유하게 된다. 그리고 가업승계의 형식을 빌려 자녀에게 주식을 이전함으로써 부동산의 소유권을 이전하게 된다.

그 밖의 방법
- 자녀 명의의 회사를 설립하고, 자녀 명의의 회사에 일감을 몰아주기
- 자녀 회사에 가업의 주식 증여
- 특례증여를 활용하기
- 가업상속공제를 활용하기
- 회사를 합병하거나 분할하기

가업승계 시 절세 방안

우리나라 세법은 가업의 상속과 증여에 대한 특례제도를 두고 있다. 내용을 살펴보면 다음과 같다.

가업상속공제

앞에서 설명한 대부분의 가업승계 전략은 사전 계획에 의해 미리 통제할 수 있고 활용할 수 있다. 하지만 가업상속공제는 가업승계를 지원하는 제도 중 중요한 의미가 있는 제도지만, '상속의 시기'를 미리 조정할 수 없는 한계로 인하여 능동적으로 활용할 수 있는 승계전략은 아니라 할 수 있다. 그리고 대부분의 창업주들이 사후에 일어나는 과정이기 때문에 사업 환경이 향후 어떻게 변화할지, 후계자가 자신의 계획과는 달리 어떤 행동(?)을 할지 알 수 없기에 현실적으로 쉽게 선택하여 실행할 수는 없는 제도다.

회사의 조건, 피상속인과 상속인의 조건이 맞으면, 최대 500억 원까지 상속세를 공제해준다. 기존 가업상속공제로 인한 절세 혜택이 막대함에도 불구하고 사후 관리 요건이 까다롭고 장기간 동안 이를 준수하는 것이 매우 어려워 현실적으로 널리 활용되지 못한 면이 있다. 그래서 2020년 세법 개정 시에 가업상속공제제도의 활성화를 위해 사후 관리 요건이 완화되었다.

가업승계주식에 대한 증여세 과세특례

가업상속공제제도가 개인사업자와 법인의 주식이 모두 대상이 되는 반면, 증여세 과세특례는 법인의 주식만 적용 가능하다. 가업인 법인의 주식을 증여하고 증여세 과세가액에서 5억 원을 공제하고, 세율 10%를 적용하여 증여세를 부과한다(30억 원까지는 10%, 30억 원 초과 100억 원까지는 20% 증여세율 적용).

창업자금에 대한 증여세 과세특례

중소기업의 창업을 목적으로 양도소득세 과세 대상 자산이 아닌 자산을 증여하면 30억 원 한도에서 5억 원을 공제하고, 세율 10%를 적용하여 증여세를 부과한다.

창업자금의 증여일 현재 수증자는 18세 이상인 거주자이어야 하고, 60세 이상의 부모(증여 당시 부모가 사망한 경우에는 그 사망한 부모의 부모를 포함)로부터 증여받아야 한다. 창업 자금을 증여받은 자는 증여받은 날로부터 1년 이내에 중소기업을 창업하여야 하며, 3년이 되는 날까지 창업 자금을 모두 해당 목적에 사용해야 한다.

지속적인 주가관리

한 사람의 경제적 가치는 현재의 순재산과 미래 벌어들일 소득의 합으로 평가할 수 있다. 기업의 현재 경제적 가치는 사람의 경우와 마찬가지로 기업의 현재 순자산가치인 재무상태표와 순손익가치와 계속기업가치라고 할 수 있는 손익계산서로 평가한다.

비상장주식의 주가를 적절하게 잘 관리하여야 상속재산의 과세표준을 줄일 수 있다. 적절한 주가관리 계획과 과세특례증여를 통한 가업상속공제로의 연결이 가장 효과적인 가업 승계의 절세 방안이라 생각한다.

4장

손실을 이익으로
바꿔주는
실전 솔루션

법인전환으로
많은 이익을 낸 중소기업

화성에 있는 한 고객이 같은 모임 멤버인 사장님 한 분을 소개해주었다. 개인사업자로 20년 이상 제조업을 해온 분인데 세금이 너무 많이 나와 몇 년 전에 법인전환을 시도했다가 부동산 현물출자와 외국인 근로자의 승계 문제를 해결하지 못해 포기하고 지금도 계속 개인사업자로 사업 중이라고 했다.

주력 제품은 국내 농산물을 이용한 과자류 제조업인데, 대부분의 기업이 원가절감을 이유로 중국산 농산물을 원재료로 사용하는 데 반해 이 사장님은 자기 회사 제품의 품질유지를 위해 이익이 나지 않음에도 불구하고 국산 쌀과 농산물을 고집하고 있다고 했다. 거기다 어려운 속에서도 기부나 선행을 많이 해서 개인 기부 1억 원 이상자들의 모임인 아너 소사이어티(Honor Society) 회원이기도 했다.

약속을 하고 찾아뵈니 딱 보기에도 웃는 모습이 선하시고 얼굴이 까무잡잡하고 다부져 보이는 체격에서 열심히 잘 살아오신 분의 아우라를 느낄 수 있었다. 사장님 사무실에서 명함을 주고받고 커피를 한 잔 마시며 주위를 둘러보니 아너 소사이어티 회원증도 있고, 여러 선행 활동의 흔적을 곳곳에서 느낄 수가 있었다.

성실신고 대상 사업자의 고민

회사에 대한 전반적인 소개를 시작으로 사장님의 고민을 장시간 듣는 시간을 가졌다. 이후 생산라인을 비롯한 공장 곳곳을 직접 눈으로 살펴보고 직원들이 작업하는 모습도 지켜보았다. 사장님께 요청하여 필요한 자료를 받아서 면밀히 검토해보았더니 소개자의 말씀대로 개인사업자로 사업을 운영하기에는 이미 규모가 꽤나 큰 업체였다. 게다가 코로나19 사태로 인해 전국의 사업자들이 대부분 어려움에 처해 있는 것과는 달리 쿠팡을 비롯한 인터넷 유통업체들과의 거래로 인해 매출이 전년도에 비해 매년 계속 성장하고 있는 중소기업이었다.

소규모 개인사업자들은 일반적으로 신설법인을 만들거나 포괄양수도 방식에 의해 비교적 간단하게 법인전환을 하고 있는데, 이 업체는 시가 50억 원이 넘는 자가 공장도 보유 중이고, 많은 기계설비와 자산을 가지고 있었다. 또한 이미 수년 전부터 성실신고 대상 사업자로 세무조사에 대한 부담도 느끼고 있었다. 거기다 이익이 상당하여 소득세에 대한 부담도 많이 느끼고 있는 터였다.

가장 특이한 것은 사장님 명의의 개인사업자, 사모님 명의의 개인사업자, 아들 명의의 개인사업자 이렇게 3개 업체로 나누어 사업이 운영되고 있다는 점이었다. 일반적으로 중소기업 사장님들은 법인 형태로 사업하기보다는 개인사업자의 형태로 사업하기를 좋아한다. 관리도 수월하고 돈을 마음대로 사용하기에도 법인보다는 훨씬 수월하기 때문이다.

그렇지만 성실신고 대상 사업자들은 영세 개인사업자에 비해 자유롭지 못하고, 법인기업과 유사하게 회계 처리를 해야 하기 때문에 이런 형태의 경영은 사실상 별 의미가 없다. 예전에는 사업자를 여러 개로 쪼갠 이유가 주로 매출을 분산하기 위함이었는데, 이 업체는 그런 이유는 아니고 속을 들여다보니 외국인 근로자를 많이 고용하기 위한 목적 때문이었다.

서울이나 교통이 편리한 지역이 아닌 화성이나 지방은 양질의 근로자를 구하기가 현실적으로 쉽지 않다. 언론에서는 취업

난이라고 연일 떠들어대지만, 기실 속을 들여다보면 구직을 원하는 젊은이들이 대기업에 비해 박봉에 근무환경이나 출퇴근도 불편한 중소기업에 취직하는 걸 기피하고 있음을 알게 된다. 그래서 대부분의 중소제조업 사장님들에게 사업하며 가장 큰 애로점이 뭐냐고 물어보면 근로자를 못 구해서 일을 못 하겠다는 말을 이구동성으로 한다.

그런 이유로 외국인 근로자를 많이들 고용하고 있는 게 현실인데, 우리나라는 중소기업 업체당 외국인 근로자 채용 인원에 제한을 두고 있다. 그래서 이 업체는 궁여지책으로 사업자를 3개로 나누어 운영해 많은 외국인 근로자를 고용하고 있었다. 실제로는 한 명이 운영하는 회사인데, 형식적으로는 별개의 사업자 3개로 사업을 하고 있는 것이다.

성공적인 법인전환으로 13억 원 절세

법인전환을 하게 되면 개인사업자의 자산과 부채를 원칙적으로 모두 법인으로 포괄양도를 해야 한다. 부동산의 경우에는 법인전환 시 양도소득세 이월과세나 취득세 감면 등의 세금 감면을 받기 위해서는 현물출자로 부동산을 법인에 넘겨야 하는 게 원칙이다. 그러나 자기 공장을 가진 대부분의 사장님들은 자기

소유의 부동산을 법인에 넣는 걸 좋아하지 않는다. 향후 마음대로 양도나 개발 등이 쉽지 않기 때문일 것이다.

이 회사의 경우 부동산을 개인 소유로 유지한 채로 별 문제없이 사업을 계속할 수 있도록 법인으로 전환하는 것과 이미 오랜 기간 숙련된 외국인 근로자를 그대로 고용 유지를 하면서 법인으로 전환하는 것이 핵심 포인트가 된다. 여기에 더불어 법인전환에 따른 절세와 법인 고유의 이익을 취하는 것은 말할 것도 없다.

이 회사가 몇 년 전에 법인전환 작업을 누군가에게 맡겨 진행하다 중단된 이유도 결국은 사장님이 궁극적으로 원하는 핵심 포인트에 대한 해결이 제대로 이루어지지 않았기 때문이었다. 그리고 사실 현물출자 방식으로 법인전환하는 것은 쉬운 작업이 아니다. 현물출자에 따른 세금도 만만치 않고, 부동산 감정평가와 회계감사 그리고 법인의 승인까지 많은 시간과 비용이 소요되기에 현물출자로 법인전환을 한 업체가 의외로 많지는 않다.

이 업체는 기존 금융권의 부채가 30억 원 이상 있었고 이에 대한 승계 여부도 중요하므로 최종 작업에 들어가기 전에 주거래은행과 부동산을 개인 명의로 남겨두고 법인전환하는 것에 대한 이해와 세부 조건을 먼저 조율하는 작업을 했다. 외국인 근로자 고용유지를 위해서도 사전에 몇 차례에 걸쳐 외국인 고용센터와 조율하고 합의하는 시간을 가졌다.

이런 사전 정지작업을 2~3개월에 걸쳐 마무리한 이후에 법인전환 작업을 진행하고 마무리하였다. 그 과정에서 40억 원 가량의 자산 양도 대금과 20억 원가량의 영업권 평가 이익을 취할 수 있도록 해서 이 금액으로 대출을 상환토록 하고, 영업권을 활용하여 사장님의 개인소득세 8억 원과 향후 5년간 법인세를 5억 원가량 절세할 수 있었다.

또 사장님 연세가 적지 않았기에 가업을 물려받을 자녀에게 큰 비중이 가도록 주주를 구성하여 향후 발생할 상속세와 증여세에 대한 부분도 상당 부분 사전에 해결할 수 있도록 작업을 마무리하였다. 그리고 매년 차등배당을 실시하여 자녀에게 자금 출처를 만들어주어 자산 형성과 세금 납부 재원을 마련할 수 있도록 하였다.

정책자금 조달로
매출액 상승

자금조달을 위한 SOS

서울 성동구 마장동에 있는 육류저장처리업, 육류도매업을 하는 한 사장님을 만났다. 소 구입에 필요한 정책자금을 받고 싶다는 요청이었다. 요즘 사장님들은 예전보다는 여러 정보에 밝고 평생 사업을 해오며 쌓은 경험이 있다 보니 스스로 알아서 자금을 조달하는 분들이 많다.

중소벤처기업진흥공단(중진공)과 신용보증기금(신보), 기술보증기금(기보) 그리고 지자체에서도 중소기업을 위한 자금 지원과 정보 제공을 많이 해주니 과거보다는 편한 세상이 되었다. 그래도 늘 사장님들이 원하는 필요한 금액보다는 자금 지원액이 부족하기 마련이다.

　이 회사는 연간 매출액이 128억 원가량인 적지 않은 규모의 중소기업이었다. 개인적으로 재주가 좋은 사장님이어서 각종 자금을 놀랍게도 잘 활용하고 있었다. 일반적으로 어떤 형태의 자금이든 제조업은 매출액의 최대 30%까지, 도매업은 최대 10% 정도까지 자금 조달이 가능하다. 그런데 이 업체는 매출액 128억 원에 이미 정책자금과 금융권 자금을 포함해서 30억 원가량을 사용 중이었다. 사실 이렇게나 많은 자금을 조달하고 있다는 게 대단한 일이었다.

성장을 위해서는 총알이 필요하다

　이 사장님은 어려운 시절에 회사를 더 성장시키기 위해 영업을 열심히 했고, 수년간의 노력에 대한 결과로 대형 유통업체들과 거래가 성사되었다. 그런데 늘 사업이란 게 동전의 양면과 같은 성격이 있다. 거래를 시작하게 되어 고기를 납품하려고 하면 당연히 운전자금, 즉 소를 사올 자금이 필요하다. 회사가 어려우면 어려울수록 회사를 유지하고 버티기 위한 자금이 필요한 것이고, 회사가 잘되면 잘될수록 원재료 구입비, 기계설비를 보강하기 위한 자금, 또 직원을 늘려야 하니 인건비도 늘어나게 되고 그야말로 사업의 유지, 성장을 위해서는 총알이 필요하다.

외부 자금을 별로 사용하지 않고 사업을 하고 있는 사장님은 괜찮겠지만 사업을 적극적으로 해서 성장을 생각하는 사장님에게 사업을 위한 자금 조달은 생명수와 같다. 앞에서 설명한 바와 같이 과거에는 매출액을 키우고 세금 신고만 적절히 하면 별 문제없이 사업을 해나갈 수 있었지만, 현재는 재무적, 비재무적인 여러 가지 조건을 사업의 성장에 발맞추어 갖추어 나가야 하는 세상이다.

사업 환경과 외부 경기는 수년째 어렵고, 코로나19로 인해 모든 업종이 힘든 시절이다. 매출은 계속 떨어지고, 인건비와 원가는 매년 상승하고 있다. 정말 CEO의 입장에서는 매달 많은 고정비 지출이나 은행 이자비용 등 사업을 유지하는 것만으로도 충분히 힘이 든다. 여기에 사업을 성장하기 위해 노력을 하는 사장님은 노력 끝에 성장동력을 만들었다 해도 자금이 없으면 모든 것이 헛일이 되어버린다. 이렇듯 자금은 기업에게는 혈액과도 같은 것이다.

은행은 돈장사를 하는 곳이다

정책자금은 성격이 조금 다르지만, 은행을 포함한 금융권은 쉽게 말해 돈을 빌려주고 돈을 버는 '돈장사'를 하는 사업이다. 그러다 보니 기본 원칙이 자신이 정해놓은 원칙에 맞는 업체에 돈을 빌려주고, 제때 이자를 차질 없이 갚을 수 있고, 원금도 잘 상환할 수 있는 기업에 돈을 빌려주려고 한다.

이런 자신들의 내부 원칙에 맞추어 자금지원을 결정하기 위해 기업에 여러 가지 서류를 요청한다. 사업자등록증, 법인등기부등본, 직전 3개년치 재무제표, 주주 명부, 금융거래확인서, 임대차계약서, 대표이사의 신용 등이 요구되는 이유다.

과거에는 지점장과의 좋은 관계와 어떤 작업(?)에 의해 자금지원이 가능하던 때도 있었지만, 지금은 모든 게 시스템화되어 있다. 관련 서류와 데이터를 취합해서 자신들이 정해놓은 원칙에 어긋나거나 부족하면 자금 지원이 안 되거나 자금 지원 한도가 축소되거나 이자율이 높아진다.

아무튼 이런 것도 그나마 매출액이나 회사 형편에 비해 적은 금액의 자금을 활용하고 있을 경우에 가능한 일이다. 그렇지만 위에서 말한 업체처럼 정부나 금융권에서 선호하지 않는 업종이고, 이미 매출액 대비 과도하게 자금을 사용하고 있는 기업의 경우에는 자금 지원이 불가능하다. 그렇지만 사업을 하려면 자금이 없어서는 안 될 일이다.

마스터플랜을 세우고 하나씩, 결국 해내다!

자금을 원하는 대부분 사장님은 발등에 불이 떨어져서 또는 자신이 스스로 알아보다 정말 방법이 없어 절망적일 때 전문가를 찾는다. 하지만 전문가들도 이런 상황이라면 뾰족한 방법이 없다. 아무리 전문가일지라도 어떤 기업이 정책자금이나 금융권 자금을 받을 수 있는 컨디션을 만들어놓아야 자금조달을 할 시간과 방법을 궁리할 수 있다. 다시 말해 중소기업이 자금조달을 할 수 있는 상태를 만들어놓은 다음에야, 전문가가 전문가로서 본인의 역량을 발휘하고 네트워크를 활용해 금리 인하나 자금 한도의 폭을 늘릴 수 있는 것이다.

위 업체에 대해서도 문제해결을 위한 시간과 방법이 필요했다. 업종이 금융권이 선호하지 않는 업종이었고, 마장동 전체의 신용과 평판이 나쁜 상황이라 더 어렵기도 했다. 그래도 어떻게든 방법을 만들어 도움을 드려야 했고, 업체가 자금을 추가로 받을 수 있는 컨디션을 만들기로 결정하고 작업에 들어갔다.

먼저 기존에 활용하고 있는 자금을 들여다보니 정책자금 중에 중진공(중소벤처기업진흥공단)과 신보(신용보증기금) 자금만 활용하고 있어 농신보(농림수산업자신용보증기금) 자금을 활용할 수 있을 것으로 판단되었다. 이 업체는 농신보 자금이 가능한 업종이었고, 농신보 자금이 타 정책자금에 비해 금리도 유리하였다. 농신보 자금을 활용하기 위해서는 농업회사법인이 되면 가능성이 더 높아지기 때문에 조건을 갖추어 우선 농업회사법인으로 전환을 진행하였다.

다음 단계로 기술혁신형 중소기업(이노비즈) 인증을 받으면 신보의 보증한도가 50억 원으로 늘어난다는 것을 알고 있었기에 이노비즈 인증을 받기 위한 작업을 시작하였다. 다행히 연구전담요원 자격이 되는 인원이 한 명이 있어 먼저 연구전담부서를 만들었다. 다음으로 이노비즈 인증을 받기 위한 선행조건이 특허가 있어야 했기 때문에 특허 등록을 위한 작업에 들어갔다. 특허를 만들어내기 쉽지 않은 업종과 작업 과정이었지만 다행히 등록해낼 수 있었다. 그다음 단계로 벤처기업 인증과 ISO 인증도 받아냈다. 그리고 특허가 등록된 후에 이노비즈 인증을 진행하였다.

쉽지 않은 작업이라 기보(기술보증기금)에서 처음 실사를 나왔을 때 실패를 하였다. 여러 가지 보완 과정을 통해 두 번째 실사에서 결국 이노비즈 인증을 받아냈다. 이노비즈 인증 기업은 기보와 신보의 보증 한도가 50억 원으로 늘어난다. 결과적으로 신보에서 추가로 적지 않은 자금 지원을 받아냈고, 농신보에서도 보증서를 발급받아서 자금을 조달할 수 있었다. 그해 이 업체의 매출액은 전년도에 비해 큰 폭의 상승을 할 수 있었다.

물론 이런 과정 속에 대표이사의 신용 상태를 개선, 유지하기

위한 활동과 재무제표를 가다듬는 노력을 했음은 당연한 일이었
다. 시간이 많이 걸리고 어려운 작업이었지만 멋지게 마무리를
하여 기업의 성장에 큰 도움이 되었다.

기업부설연구소로 절세에 성공한 대형병원

아무리 커도 병원은 개인사업자다!

어느 날 페이스북에서 우리 회사에 대한 소개글을 봤다며 한 병원에서 연락이 왔다. 개인사업자인데 세금 부담이 너무 커서 절세 컨설팅이 필요하다는 내용이었다. 미팅 약속을 잡고 병원에 방문하였다. 서울 동작구에 있는 큰 병원이었다. 미팅 장소에는 부원장과 사업기획이사를 포함한 전략기획팀장과 과장이 참석해 있었다. 보통 한두 명과 미팅을 하는데 너무 많은 사람들이 회의실에 들어와서 깜짝 놀랐다.

연 매출액 700억 원 이상, 의사만 80여 명인 준대형병원으로 이름만 대면 누구나 알 만한 큰 병원이었다. 매출액은 중견기업

이상이었지만, 알다시피 우리나라에서 병원은 종합병원을 제외하고 동네에서 흔히 진료받는 병원, 의원을 포함해 모두 개인사업자다. 약국도 마찬가지다. 사정이 이러하니 이익은 많이 나고 높은 종합소득세율의 적용을 받아 순이익 50% 이상의 소득세를 내고 있는 상태였다.

컨설팅 일을 하고 있다 보니 심심치 않게 병원이나 약국으로부터 소득세를 줄일 수 있는 방법이 없겠냐는 연락을 받게 된다. 일반 업종의 개인사업자라면 성실신고 대상 사업자가 될 정도가 되면 보통 법인전환을 통해서 절세를 생각해볼 수 있는데, 병원이나 약국은 법으로 정해져 있어 법인전환이 불가능하다. 개인사업자로는 소득 유형의 구분도 할 수 없고, 매출액에서 필요경비를 제외한 순이익에 높은 종합소득세율이 적용되어 이 병원은 당기순이익이 매년 50억 원 가까이 되니 소득세를 20억 원 이상 내고 있어 부담이 아닐 수 없었다.

병원 컨설팅은 쉽지 않다. 일반적으로 세무기장을 함에 있어 중빙 자료나 세무 처리를 좀 더 세밀히 해서 절세를 해주는 수준이다. 다른 일반 업종에 비해 절세를 하는 게 현실적으로 방법을 찾기가 어렵다.

간혹 의사를 많이 보유한 큰 규모의 병원이나 프랜차이즈 형태로 여러 지점을 갖춘 병원들이 병원의 의료 자재를 납품하거나 인력 공급과 지원을 전담해주는 형태의 병원 지원 법인을 설립해서 세금을 줄이는 경우를 볼 수 있는데, 세법상 항상 문제의 소지가 있는 형태라 쉽게 접근하기가 어렵다.

절세를 포함한 어떤 컨설팅을 함에 있어 합법적이지 않거나 문제 소지가 있으면 곤란하다. 도움을 주려고 하는 작업인데 세무조사의 빌미를 제공하거나 사업상에 어떤 문제가 생기면 안 되니 잡음 없이 해결할 수 있는 방법을 찾는 것이 늘 최선이라 생각한다.

연구세액공제를 활용하자!

보통 기업부설연구소라고 하면 제조업에만 설치 가능하다고 생각하는 이들이 많다. 그렇지만 지금은 과거에 비해 연구소 설립과 그에 따른 세액공제 등을 적극적으로 활용하는 기업들이 많다. 2011년 7월부터 병원, 의원 등 의료 및 보건 분야도 지식서비스분야 기업부설연구소 인정제도를 시행하고 있다. 주위에서 연구소가 설치되어 있는 병원을 본 적이 없다 보니 경험 부족으로 잘 모르고 있을 뿐이다.

첫 번째 미팅에 이어 두 번째 미팅을 진행하다 보니, 병원의 모든 전략과 기획을 담당하고 있는 전략기획팀의 인원이 10명이 훌쩍 넘는다는 사실을 알게 되었다. 전략기획팀 직원의 대부분은 연구전담요원으로서의 인적 조건을 충족하고 있었다. 그래서 이 부서의 많은 인원을 연구전담요원으로 등록을 해서 기업부설연구소로 인정받았다.

기업부설연구소를 만들면 종합소득세의 절세뿐만 아니라, 고객관계관리(CRM) 개선, 외부 신뢰도 향상, 병원 경쟁력 확보, 의료 서비스 연구의 체계화 및 핵심 직원 로열티 제고에도 효과가 있다. 연구전담요원 연봉의 25%를 세액공제할 수 있고, 각종 연구기자재 등의 설비 투자에 대해서도 세액공제를 받게 되어, 매년 적지 않은 금액의 소득세를 절세하게 되었다.

관계기업을 활용한 합병으로
가업승계 완성

삼성물산과 제일모직 합병은 미다스의 손

상장기업 간의 합병비율은 주가를 기준으로 결정하도록 돼 있다. 삼성물산의 합병 결의 이사회 전날인 2015년 5월 25일을 기준으로 이전 1개월, 1주일, 당일의 주가를 산술 평균해 산출한 합병 기준 가격에 따르는 것이다. 당시 산정된 기준가격은 삼성물산 55,767원, 제일모직 159,294원이었다. 삼성물산은 5년이래 최저치 주가를 기록한 반면, 제일모직은 6개월 전인 2014년 12월 18일 상장된 이후 공모가의 3배로 치솟은 상황이었다.

(중략)

"서스틴베스트가 영업 가치와 수익 가치, 자산 가치 등을 고려해 산정한 적정 합병 비율은 1대 0.92 정도였다. 삼성물산과 제일모직의 합병은 이재용 부회장 일가에게 엄청 유리한 '미다스의 손'이었다."고 밝혔다. 시민단체 '내가 만드는 복지국가'의 홍순탁 전문위원은 "국제 자문기관들이 산정한 적정 합병비율은 1:1 정도였다. 이것이 1대 0.35로 결정되면서 이재용 부회장 일가는 3조 1천억 원의 이익을 더 확보했지만, 반대로 국민연금은 4천 9백억 원의 손실을 입었다."고 주장했다.

— 김용철, 〈433억 vs 3조 1천억…"삼성물산과 제일모직 합병은 미다스의 손"〉,
SBS뉴스, 2017. 2. 20.

2015년 삼성물산과 제일모직이 합병하면서 탈·불법 시비로 세상이 시끄러웠다. 두 회사의 합병은 이재용 부회장의 가업승계를 위한 사전작업이었다는 의심을 피할 수 없다.

삼성그룹은 제일모직 → 삼성생명 → 삼성전자 → 삼성SDI → 삼성물산 → 제일모직으로 이어지는 순환출자구조를 가지고 있다. 여기서 핵심은 제일모직을 지배하고, 삼성물산을 지배하면 그룹을 지배할 수 있게 된다는 것이다. 그래서 어느 날 지주사 역할을 하는 비상장회사 에버랜드와 제일모직을 합병한다. 에버랜드는 대부분 사람들이 놀이공원 사업을 한다고 생각하는데 삼성그룹 전 계열사의 도시락, 청소, 경비용역사업이 주력사업이다. 이건희 회장이 대주주였고, 이재용 부회장은 주식이 없었는데 소액(?)의 자금으로 전환사채를 발행해서 그룹의 모든 용역사업을 일감몰아주기로 기업가치를 대폭 올렸고, 에버랜드와 제일모직을 합병하여 사명을 제일모직으로 변경한다. 삼성물산은 아시다시피 래미안으로 대표되는 건설 부문이 주력인데 몇 년간 래미안이 분양이나 건설을 의도적으로 전혀 하지 않으면서 주식가치를 떨어뜨린다. 그 이후에 제일모직(구 에버랜드)과 삼성물산을 합병하면서 그룹을 지배하게 된다.

합병 교부 주식 비율 산정이 핵심이다

삼성그룹 같은 재벌기업의 경우가 아니라 중소기업이라 하더라도 합병은 어렵다. 합병이란 둘 이상의 기업이 결합해 보다 큰 하나의 기업을 이루는 행위를 뜻한다. 보통 재벌을 소재로 한 드라마 속에서나 가끔 등장하는 단어이기도 하다. 그만큼 일반인에게는 생소하고 어렵고 아무나 접근할 수 없다는 느낌을 주기도 한다.

많은 중소기업을 만나서 문제를 해결해주다 보면 합병을 통해서 가업승계와 재산 이전 등 CEO의 목적을 달성하는 해결책으로 활용하는 경우도 있다.

합병으로 소멸하는 회사를 '피합병법인'이라 하고, 합병 후 존속하는 회사를 '합병법인'이라고 한다. 합병의 유형에는 많은 형태가 있지만 현실에서는 흡수합병이 대부분을 차지한다.

합병법인이 피합병법인을 합병하는 대가로는 현금을 지급하는 매수법이 있고, 주식을 발행해서 주는 지분통합법이 있는데, 대부분 지분통합법을 많이 사용한다. 대기업들은 합병을 규모의 경제 달성, 기업 자원의 결합을 통한 경쟁력 강화, 시장 지배력의 확대와 핵심 경쟁력 통합을 통한 시너지 효과의 창출 등을 목적으로 활용한다.

이에 반해 중소기업은 실질적으로 타 기업의 인수합병인 경우는 드물고, 대부분은 가업승계나 재산 이전을 목적으로 하는 게 현실이기에 현금의 이동 없이 주식으로 대가를 지급하는 게 사실 가장 좋은 방법이다.

상장회사들은 주식가치가 시장에서 평가가 되지만, 중소기업들은 비상장기업이므로 시가평가가 있을 수는 없고, 먼저 양쪽 회사의 주식가치를 평가해야 한다. 그리고 두 회사 간의 '합병교부 주식 비율'을 산정해내는 것이 핵심으로 'A 회사 주식 1주당 B 회사 주식 몇 주?'라는 식의 합병이 이루어진다.

기업 합병으로 성공적으로 가업승계

경기도 평택에 있는 A 기업은 건강식품 도매업을 하는 회사로 업력이 20년 이상 되었고, 액면가 5,000원인 주식가치가 5,500원으로 평가되는, 자본금 5억 원의 중소기업이다. 지분비율은 아버지가 50%, 어머니가 35%, 아들이 15%로 구성되어 있다.

B 기업은 10년 전, 아들이 주식을 100% 보유하여 설립한 같은 업종의 중소기업이다. 설립 당시 액면가 5,000원인 주식가치는 5,300원으로 평가되었고 자본금은 3억 원이었다.

| A 기업(합병법인) |

주주명	주식수	액면가	시가	시가금액	지분율
아버지	5만 주	5,000원	5,500원	2억 7,500만 원	50%
아들	1.5만 주	5,000원	5,500원	8,250만 원	15%
어머니	3.5만 주	5,000원	5,500원	1억 9,250만 원	35%
합계	10만 주			5억 5,000만 원	100%

| B 기업(피합병법인) |

주주명	주식수	액면가	시가	시가금액	지분율
아들	6만 주	5,000원	5,300원	3억 1,800만 원	100%
합계	6만 주			3억 1,800만 원	100%

합병 비율 = 피합병 법인 1주당 가액 / 합병 법인 1주당 가액

= 5,300 / 5,500 = 1

→ 합병 교부 비율 = 1 : 1

주주명	주식수	액면가	시가	시가금액	지분율
아버지	5만 주	5,000원	5,425원	2억 7,125만 원	31%
아들	7.5만 주	5,000원	5,425원	4억 687.5만 원	47%
어머니	3.5만 주	5,000원	5,425원	1억 8,987.5만 원	22%
합계	16만 주			8억 6,800만 원	100%

위와 같은 과정을 거쳐 두 개의 회사를 합병하면서 아들이 대주주가 되고, 부모님의 지분이 줄어들었다. 이후에도 주식 소각 등 여러 과정을 통해 현재는 대부분의 주식이 아들에게 넘어가며 가업 승계를 마무리할 수 있었다.

관계기업의 활용

주식가치가 높지 않은 중소기업의 경우는 가업승계나 재산 이전 작업을 할 때 주식가치를 떨어뜨린 후 주식 증여나 양도, 주식 소각 등 여러 가지 활용 가능한 방법이 있지만, 이미 주식 가치가 너무 커져 있는 상태의 중소기업은 한계가 있다.

이럴 때 관계기업을 만들어 가업승계 작업을 하기도 한다. 이는 대기업도 많이 활용하는 방법으로 대기업의 경우는 세법이나 공정거래법상에 여러 가지 문제 소지가 있지만 중소기업의 경우에는 아직은 활용해볼 만한 방법이라 여겨진다. 가업승계는 다음과 같은 방식으로 진행된다.

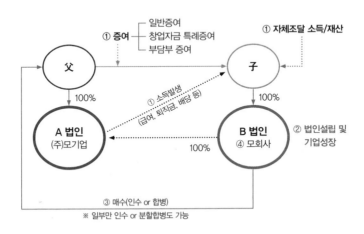

모기업(A 법인)에 자녀를 입사, 임원 등재하고 실제로 일을 하며 급여, 상여, 배당, 퇴직금 등 소득을 발생시킨다. 일정 부분 증여도 활용하여 자녀에게 자체적으로 소득과 재산을 만들어준다(표에서 ①번에 해당).

이후 자녀가 100% 주식을 보유한 B 법인을 만들어 A 법인의 일감과 거래처 등을 B 법인에 몰아주어 B 법인을 성장시키고 주식가치도 올린다(②번 과정). 당연히 A 법인은 매출액과 이익이 떨어지므로 주식가치가 떨어진다.

일정 기간 이후에 B 법인에서 A 법인의 주식을 인수하거나 합병하여 B 법인이 모회사, A 법인이 자회사가 되어(③번 과정) 결과적으로는 자녀가 두 회사를 100% 지배하는 구도를 만든다.

영업권 평가를
통한 절세

남해 독일마을의 카페

몇 년 전 소개로 만났던 남해 독일마을의 K라운지. 지금도 검색하면 쉽게 관련 사진과 자료들이 나오는 남쪽 지역의 대표적인 대형 카페다. 규모도 크지만 탁 트인 바다를 향한 전망이 정말로 속이 시원해지는 곳이어서 항상 어린아이들을 동반한 젊은 부부들과 남해를 방문하는 많은 관광객들이 찾아가는 곳이다. 이 카페의 젊은 CEO를 2018년에 처음 만났다. 그리고 2020년 K라운지의 법인전환 작업을 마무리하였다.

LG그룹사에서 근무한 경험이 있는 사장님은 젊은 CEO답게 여러 가지 최신 트렌드와 마케팅에 신경을 많이 썼고, 어려운 시절에도 계속해서 성장을 고민하고 또 이를 성과로 이어지게 하고 있었다. 메뉴 구성이나 고객의 연령별 선호도 등을 잘 파악하여 차별화를 꾀해 마케팅에 활용하고 또 다른 사업에 대한 구상도 늘 하고 있는, 정말 머리와 몸이 모두 스마트한 젊은 CEO였다.

덕분에 카페 업종치고는 매출이 너무 높았고, 원가구성이 높지 않은 업종 특성상 이익이 많이 나고 있었다. 사장님은 세무조사에 대해서도 늘 신경을 쓰고 있었고, 소득세에 대한 부담도 많이 가지고 있었다.

영업권 평가로 법인전환 시도

사장님은 남해 토박이라 자가 사업장을 보유 중이었고, 자산이 꽤나 많았다. 당연히 현물출자로 법인전환을 해야 하는 업체였지만, 외진 지방이다 보니 거래하는 세무사는 딱히 뾰족한 해결안을 내놓지 못하고 있다며 3년 만에 내게 연락을 해왔다. 여러 차례 미팅 끝에 향후 부동산의 활용이나 자산가치의 증가 등을 감안하여 카페가 있는 토지와 건물을 개인 명의로 남겨 부동산 임대사업자를 만들어 새롭게 설립할 법인에 임대해주는 구조로 만들기로 했다. 그리고 영업권 평가를 하여 신설 법인에 양도하는 방식으로 법인전환을 시도하였다.

K라운지는 대외적인 지명도도 있었고, 이미 꽤나 많이 알려져 있는 곳이라 스타벅스 본사에서도 자기들에게 카페를 양도하라는 제안을 받고 있는 곳이었다. 당연히 기존 금융권의 대출 승계 문제를 사전에 은행과 협의를 무사히 마쳤고, 이런 여러 가지를 감안하여 신설 법인을 만들고 영업권 평가를 하였다.

부동산을 개인 명의로 남겨놓고 영업권을 평가하면 영업권이 사실 별로 나오지 않는 게 일반적이다. 하지만 사전에 영업권 평가 실무를 진행할 감정평가법인과 개인기업 결산작업을 할 세무사와 함께 영업권이 최대한 많이 나올 수 있는 방법에 대하여 조율하였고, 개인기업 결산 작업 전에 토지와 건물을 분리하여 결산 작업을 잘 진행한 결과 의도한 대로 사장님이 만족할 만한 영업권 평가 결과가 나왔다.

절세는 설립 단계부터 시작하라!

이 모든 과정을 바탕으로 대표이사와 임원들의 급여 구성과 절세 설계를 하였고, 매년 적지 않은 금액의 소득세와 법인세를 절세하였다. 법인 설립 시 주주 구성도 부모님과 사장님 부부 그리고 자녀까지 포함해서 구성하였고, 매년 배당도 실시하여 절세와 함께 자녀들에게도 재산을 형성해줄 계획도 마련했다.

몇 년 후에는 주식가치를 활용한 또 다른 절세 작업을 할 계획이며, 향후 더욱더 성장할 회사로의 바탕을 잘 만들어두었다. K라운지의 사례는 자본금 규모 및 사업 목적, 주주와 임원의 구성, 이익 배당과 자기주식 취득과 이익 소각 규정 등 기업의 성장에 따른 절세와 재산의 이전 등 절세 설계를 설립 단계부터 해야 하는 일의 중요성을 다시 한번 증명하는 사례라 할 수 있겠다.

숨어 있는 이익에
줌인하다

창업 3년 미만 기업

경기도 화성 동탄에 국내 신선 농산물을 동남아로 수출하는 유망한 농업회사법인이 있다. 이 회사는 수년간 계속되는 경기 침체 속에서도 지난 기간 많은 노력으로 구축한 동남아 유통망이 탄탄하여 2021년인 지금도 계속해서 성장세를 유지하고 있다.

최근에는 700만 달러 수출의 탑 대통령 표창까지 받고 2020년에도 큰 성장을 이루었다. 개인사업자에서 법인으로 전환한 지 얼마 되지 않았고, 개인 소유 부동산이 있어 현물출자방식으로 법인전환을 한 상태였다. 자본금이 24억 원 정도로 중소기업치고는 자본금이 크고, 사장님이 주식을 100% 보유 중인 업체였다.

만나서 미팅을 해보니 사장님이 점잖고 열심히 전국 산지를 다니며 사업을 꾸리고 있었다. 산지의 농장이나 해외 바이어들과도 관계 형성이 잘 되어 있었고, 여러 단체의 임원도 맡고 있었다. 안정적인 CEO의 성향에 법인의 현금흐름도 좋고, 개인적으로 여러 모로 기대가 되는 회사였다.

매출액도 매년 큰 성장을 보이고 있고 이익도 많이 나는 회사인데, 사장님께서 너무 바쁘다 보니 내부 관리에 전혀 신경을 쓸 수가 없는 상태였으며, 주식가치가 매년 급상승 중인데도 주식을 사장님이 100% 보유 중인 상태여서 신경이 쓰이는 업체였다. 정관도 법인 설립 당시의 원시정관 상태 그대로였고, 사업의 외형은 자꾸 커져만 가고 있어 내부적으로 정리 정돈이 필요한 시점이었다.

나는 이 기업의 CFO다!

회사에 대한 전반적인 컨설팅을 해달라는 요청을 받고 맨 처음 한 일은 여러 가지 상법 규정을 담아 정관을 통째로 바꾸는 일이었다. 그다음 비상장 주식가치 평가를 하여 가족들에게 주식증여를 하기로 했다.

창업 3년 미만 기업은 비상장 주식가치 평가 시에 예외적으로 순자산가치만으로 주식가치를 평가해, 창업 3년 미만이 적용되는 2020년이 주식을 증여하기에 최적의 시점이란 판단으로 급히 가결산 작업을 하고 주식가치 평가를 하여 주식을 증여하였다.

대부분의 경우 사장님들은 배우자나 자녀에게 주식을 증여할 때 증여세가 나오지 않는 한도 내에서 주식을 일부 증여하고 배당을 하든지 한다. 그런데 사업의 내용과 CEO의 마인드나 사업 진행 상황을 파악해보니 주식가치가 계속 급성장할 것이 확실한 기업이란 판단이 들었다. 그래서 사장님께 배우자에게는 배당을 하기 위한 주주로서 권리를 획득하기 위해 주식을 조금만 증여하고, 아들에게는 5억 원어치 주식을 증여하자고 제안을 했다.

이는 당장 증여재산공제를 받고도 증여세가 8,700만 원가량 나오는, 생각보다 큰 규모의 증여였다. 대부분의 사장님들은 적은 금액도 아닌 큰 증여세까지 물어가면서 주식 증여를 하냐고 거부 반응을 보일 수도 있는 내용이었다. 하지만 사장님은 역시나 긴 안목으로 내 컨설팅 제안의 의미를 이해하고 순순히 결정을 해주셨다. 결과적으로 사장님이 100% 보유 중이던 주식은 연말에는 사장님 75%, 배우자 5%, 아들 20%로 비율이 조정되었다.

그리고 바로 그해 2억 원가량의 차등배당을 실시하여 사장님에게 2,000만 원만 배당하고, 배우자와 아들에게 나머지 1억 8,000만 원을 차등배당하여 소득세 절세와 함께 잉여금도 일부 줄였다.

중소기업 성장의 길에 함께한다

이 회사는 앞으로 매년 일정 금액을 배당을 통해 절세와 재산 이전을 실행할 계획이고, 몇 년 후에는 이익소각 작업을 통해 사장님의 지분을 줄이고 아들의 지분은 올리는 작업을 할 계획이다. 그리고 지금까지 매년 결산을 대충 주먹구구식으로 해왔지만, 분기별로 회사의 사업 진행 상황을 파악하고 향후 결산과정에 참여하여 재무제표도 이쁘게 만들고 기업의 신용등급도 올리는 활동을 통해 기업의 성장과 성공의 과정에 함께 동참할 계획이다.

숨어 있는 이익을 찾아내는 방식은 회사의 형태마다, 회사의 현황에 따라 조금씩 다르다. 기업 수명 주기상의 상태와 사업 진행 과정, 현금흐름 등을 감안하여 내가 이 기업의 CEO라는 자세로 회사에 도움이 되는 최선의 방법을 찾는 노력을 해야 한다.

중소기업의 성장과 성공을 간절히 바라는 내 마음과 노력이 사장님의 의지와 합치될 때 진정한 성공의 효과가 나타날 수 있으며, 기업은 진정한 성공의 길로 접어들 것이라 생각한다.

당신들이 있어 우리가
행복할 수 있습니다

　지난 6개월간 쉽지않은 과정이었지만 매일 새벽시간과 늦은 밤 그리고 주말시간을 활용해 이 책을 썼다. 개인적으로 부족하다 느껴지는 부분이 적지 않지만 그래도 한 권의 책으로 세상에 내놓고 보니 쓸모있는 일을 했다는 보람이 든다.

　지난 10여년간 전국의 다양한 업종의 많은 사장님들을 만나 뵈었다. 척박한 중소기업 경영환경 속에서 아주 기본적인 내용들을 챙기지 않아 불이익을 당하거나, 시기를 놓쳐 많은 비용을 들이거나 그런 사장님들을 보며 안타까운 마음을 금할 수가 없었다. 이런 사장님들을 한 분 또 한 분 겪으면서 언젠가는 사장님들에게 도움이 되는 책을 써야겠다고 오랜 기간 마음먹었던 결과가 바로 지금 이 책이다.

　책을 쓰며 내용이 사장님들 눈높이에 맞게 좀 더 쉽게 써야한다는 강박관념을 많이 가졌다. 내용이 내용이니만큼 노력을 하였지만 어쩔 수 없이 어려운 부분이 있을거라 여겨진다. 그래도 사장님들의 입장에서 이 책에서 다루는 내용들만 알고 계셔도 사업하시는 데 적지않은 도움이 될거라 감히 생각해본다.

우리나라에서 사업을 한다는 것은 참으로 쉽지않은 일이다. 매일매일 생존을 위한 고민에 밤잠을 설쳐야 하고, 사업의 지속과 더불어 직원 가족들의 생계까지 책임진 무게감이 엄청난 자리이다. 그렇지만 이런 중소기업 사장님들이 건재하고 버텨주시기에 대한민국이 돌아가고 또 우리에게 미래가 있다.

CEO의 한 사람으로 나도 중소기업 사장으로서 같은 고민과 불안감을 가지고 매일을 살아가지만, 설령 나에게 대기업 임원 자리로 모시겠다는 연락이 와도 솔직히 나는 사장 자리를 포기하고 싶지 않다. 어려움과 힘든 과정의 연속이지만 그래도 그 속에서 느끼는 만족감과 성취감이 만만치가 않다. CEO로서 머리가 무겁지만 모든걸 내가 결정해서 도전하고, 경험하고, 이루어내는 그 모든 과정속에 내가 있기에 그 가치가 대단하다고 말할 수 있다.

대한민국의 모든 사장님들에게 '당신들 덕분에 우리가 이렇게 잘살고 있습니다. 고맙습니다'라는 감사를 표하고 싶다. 이 책을 쓰는 지난 6개월이 소중하고 행복한 경험이었다. 부족하지만 이 책이 사장님들의 사업에 조금이라도 도움이 되길 간절히 소망한다.

법인사업장의 세금 신고 시기

구분	1월	2월	3월	4월	5월	6월	비고
원천세	○	○	○	○	○	○	반기 납부자는 1, 7월
부가가치세	○			○			간이과세자는 1월(4월, 7월은 예정납부)
종합소득세					○	○	다른 소득과 합산
법인세			○				12월 말 결산시
면세사업장 현황신고		○					
지급명세서 (일용직)		○		○			해당월 말일까지
연말정산			○				

구분	7월	8월	9월	10월	11월	12월	비고
원천세	○	○	○	○	○	○	반기 납부자는 1, 7월
부가가치세	○			○			간이과세자는 1월(4월, 7월은 예정납부)
종합소득세							다른 소득과 합산
법인세							12월 말 결산시
면세사업장 현황신고							
지급명세서 (일용직)	○			○			해당월 말일까지
연말정산							

2021년 연간 세무일정

날짜	내용
1 / 11	원천징수세액(법인세, 소득세, 특별징수분 지방소득세) 신고·납부기한
	소규모사업자 원천징수세액 반기별 납부기한
	주민세 종업원분 신고·납부기한
	국민연금·건강보험료 등 납부기한
1 / 25	부가가치세 확정신고·납부기한
	주행분 자동차세 신고·납부기한
	개별소비세 신고·납부기한(과세유흥장소)
	주세 신고·납부기한
2 / 1	종합소득세 중간예납분 분납기한(2020년분)
	정기분 면허세 납부기한(1/16~)
	9월 말 결산법인 지방소득세(법인세분) 신고·납부기한
	일용근로자 지급명세서 제출 기한
	근로소득 간이지급명세서 제출 기한
2 / 10	원청징수세액(법인세, 소득세, 특별징수분 지방소득세) 신고·납부기한
	면세사업자 수입금액신고 및 사업장현황신고
	주민세 종업원분 신고·납부기한
	국민연금·건강보험료 등 납부기한
2 / 25	부가가치세 환급기한
	주행분 자동차세 신고·납부기한
	개별소비세 신고·납부기한(과세유흥장소)
3 / 2	6월 말 결산법인 법인세 중간예납기한
	이자·배당·기타소득 등 지급명세서 제출 기한
	증권거래세 신고·납부기한(증거법 3조 3호 납세의무자)

3 / 10	원천징수세액(법인세, 소득세, 특별징수분 지방소득세) 신고·납부기한
	연말정산환급신청(반기별 납부자 포함)
	근로·퇴직·사업(원천징수대상)·종교인소득 지급명세서 제출 기한
	주민세 종업원분 신고·납부기한
	국민연금·건강보험료 등 신고기한
	건강보험 보수총액 신고기한
3 / 25	주행분 자동차세 신고·납부기한
	개별소비세 신고·납부기한(과세유흥장소)
3 / 31	12월 말 결산법인 법인세 신고·납부기한
	12월 말 공익법인 세무확인서·출연재산 명세서 등 제출 기한
	개인금융보험업자 교육세 신고·납부기한
	법인금융보험업자 교육세 신고·납부기한
	고용보험·산재보험료(개산·확정) 자진납부기한
4 / 12	원천징수세액(법인세, 소득세, 특별징수분 지방소득세) 신고·납부기한
	주민세 종업원분 신고·납부기한
	국민연금·건강보험료 등 납부기한
	인지세 납부기한(후납신청자)
4 / 26	부가가치세 예정신고·납부기한
	주행분 자동차세 신고·납부기한
	개별소비세 신고·납부기한(과세유흥장소)
	주세 신고·납부기한
4 / 30	12월 말 결산 성실신고확인대상법인 법인세 신고 기한
	12월 말 결산법인 법인세 분납기한(일반기업)
	성실신고확인자 선임신고
	공익법인 결산서류 등 공시기한
	12월 말 결산법인 지방소득세(법인세분) 신고·납부기한
	일용근로자 지급명세서 제출 기한
5 / 10	원천징수세액(법인세, 소득세, 특별징수분 지방소득세) 신고·납부기한
	주민세 종업원분 신고·납부기한
	국민연금·건강보험료 등 납부기한
	인지세 납부기한(후납신청자)
5 / 17	고용보험·산재보험료(개산) 분납(건설업)

5 / 25	주행분 자동차세 신고·납부기한
	개별소비세 신고·납부기한(과세유흥장소)
5 / 31	9월 말 결산법인 법인세 중간예납기한
	12월 말 결산법인 법인세 분납기한(중소기업)
	소득세 확정신고·납부기한(5/1~)
	사업용계좌 변경·추가 신고기한
	근로장려금·자녀장려금 신청기한
	지방소득세(소득세분) 신고·납부기한
	증권거래세 신고·납부기한(증거법 3조 3호 납세의무자)
6 / 10	원천징수세액(법인세, 소득세, 특별징수분 지방소득세) 신고·납부기한
	부가가치세주사업장 총괄납부 신청 및 포기신고기한
	주민세 종업원분 신고·납부기한
	국민연금·건강보험료 등 납부기한
	인지세 납부기한(후납신청자)
6 / 15	2020 종합부동산세 분납기한
6 / 25	주행분 자동차세 신고·납부기한
	개별소비세 신고·납부기한(과세유흥장소)
6 / 30	3월 말 결산법인 법인세 신고·납부기한
	종합소득세 확정신고 납부기한(성실신고 확인대상 사업자)
	일감몰아주기, 일감떼어주기 증여세 신고기한
	사업용계좌 개설 신고기한
	소규모사업자 반기별 원천징수납부승인신청기한(6/1~)
	소유분 자동차세(지방교육세 포함) 납부기한(6/16~)
7 / 12	원천징수세액(법인세, 소득세, 특별징수분 지방소득세) 신고·납부기한
	소규모사업자 원천징수세액 반기별 납부기한
	주민세 종업원분 신고·납부기한
	국민연금·건강보험료 등 납부기한
	인지세 납부기한(후납신청자)
7 / 26	부가가치세 예정신고·납부기한
	주행분 자동차세 신고·납부기한
	개별소비세 신고·납부기한(과세유흥장소)
	주세 신고·납부기한

8 / 2	주민세(재산분) 납부기한(7/1~)
	재산세(지방교육세 포함) 납부기한(7/16~)
	3월 말 결산법인 지방소득세(법인세분) 신고·납부기한
	근로소득간이지급명세서 제출 기한
	일용근로자 지급명세서 제출 기한
8 / 10	원천징수세액(법인세, 소득세, 특별징수분 지방소득세) 신고·납부기한
	주민세 종업원분 신고·납부기한
	국민연금·건강보험료 등 납부기한
	인지세 납부기한(후납신청자)
8 / 16	고용보험·산재보험료(개산) 분납(건설업)
8 / 25	부가가치세 환급기한
	주행분 자동차세 신고·납부기한
	개별소비세 신고·납부기한(과세유흥장소)
8 / 31	12월 말 결산법인 법인세 중간예납기한
	주민세 개인분(지방교육세 포함) 납부기한(8/16~)
	주민세 사업소분(지방교육세 포함) 신고·납부기한(8/1~)
	증권거래세 신고·납부기한(증거법 3조 3호 납세의무자)
9 / 10	원천징수세액(법인세, 소득세, 특별징수분 지방소득세) 신고·납부기한
	주민세 종업원분 신고·납부기한
	국민연금·건강보험료 등 납부기한
	인지세 납부기한(후납신청자)
9 / 27	주행분 자동차세 신고·납부기한
	개별소비세 신고·납부기한(과세유흥장소)
9 / 30	6월 말 결산법인 법인세 분납기한
	12월 말 결산법인 중간예납법인세 분납기한(일반기업)
	금융보험업법인의 교육세 신고·납부기한
	재산세(지방교육세 포함) 납부기한(9/16~)
	종합부동산세 합산배제 및 과세특례 신고기한(9/16~)
10 / 11	원천징수세액(법인세, 소득세, 특별징수분 지방소득세) 신고·납부기한
	주민세 종업원분 신고·납부기한
	국민연금·건강보험료 등 납부기한
	인지세 납부기한(후납신청자)

10 / 25	부가가치세 예정신고·납부기한
	주행분 자동차세 신고·납부기한
	개별소비세 신고·납부기한(과세유흥장소)
	주세 신고·납부기한
11 / 1	6월 말 성실신고확인대상법인 법인세 신고·납부기한
	12월 말 결산법인 중간예납법인세 분납기한(중소기업)
	일용근로자 지급명세서 제출 기한
	공익법인 결산서류 등 공시기한
	6월 말 결산법인 지방소득세(법인세분) 신고·납부기한
11 / 10	원천징수세액(법인세, 소득세, 특별징수분 지방소득세) 신고·납부기한
	주민세 종업원분 신고·납부기한
	국민연금·건강보험료 등 납부기한
	인지세 납부기한(후납신청자)
11 / 15	고용보험·산재보험료(개산) 분납(건설업)
11 / 25	주행분 자동차세 신고·납부기한
	개별소비세 신고·납부기한(과세유흥장소)
11 / 30	3월 말 결산법인 법인세 중간예납기한
	종합소득세 중간예납기한
	근로장려금·자녀장려금 기한 후 신청 기한
	증권거래세 신고·납부기한(증거법 3조 3호 납세의무자)
12 / 10	부가가치세주사업장 총괄 납부(사업자 단위 신고·납부) 승인신청 및 포기신고기한
	원천징수세액(법인세, 소득세, 특별징수분 지방소득세) 신고·납부기한
	주민세 종업원분 신고·납부기한
	국민연금·건강보험료 등 납부기한
	인지세 납부기한(후납신청자)
12 / 15	종합부동산세 신고·납부기한(12/1~)
12 / 27	주행분 자동차세 신고·납부기한
	개별소비세 신고·납부기한(과세유흥장소)
12 / 31	9월 말 결산법인 법인세 신고·납부기한
	소규모사업자 반기별 원천징수납부승인 신청 기한(12/1~)
	소유분 자동차세(지방교육세 포함) 납부기한(12/16~)

제1장 총칙

제1조(상호)
당 회사는 "주식회사"라고 한다. 영문으로는 (CO., LTD)라 표기한다.

제2조(목적)
당 회사는 다음의 사업을 영위함을 목적으로 한다.

5. 부동산 임대업
6. 음식료품 제조업
7. 식품 첨가물 제조업
8. 도매 및 상품 중개업
9. 일반 음식점업 및 숙박업
10. 식당 체인업
11. 경영 컨설팅업
12. 곡물 및 식량 작물 재배업
13. 기타 작물 재배업
14. 출판업
15. 연구용역서비스업
16. 교육사업
17. 박물관 및 기타 문화관련 사업
18. 무역업
19. 통신판매업
20. 경영컨설팅업
21. 위 각호에 관련되는 부대 사업 일체

제3조(본점의 소재지)
① 당 회사는 본점을 경기도에 둔다.
② 당 회사는 필요에 따라 이사회의 결의로 국내외에 지점, 출장소, 사무소 및 현지법인
을 둘 수 있다.

제4조(공고방법)

당 회사의 공고는 회사의 인터넷 홈페이지(http://.com)에 한다. 다만, 전산장애 또는 그 밖의 부득이한 사유로 회사의 인터넷 홈페이지에 공고를 할 수 없을 때에는 경기도 내에서 발행되는 일간 경제신문에 게재한다.

제2장 주식

제5조(발행예정주식의 총수)

당 회사가 발행할 주식의 총수는 10,000,000 주로 한다.

제6조(일주의 금액)

당 회사가 발행하는 주식 1주의 금액은 금 5,000으로 한다.

제7조(회사의 설립 시 발행하는 주식의 총수)

당 회사가 설립 시 발행하는 주식의 총수는 20,000주로 한다.

제8조(주식의 종류)

① 당 회사가 발행할 주식은 보통주식과 종류주식으로 한다.
② 당 회사가 발행할 종류주식은 이익배당에 관한 우선주식, 의결권 배제에 관한 주식, 전환주식의 전부 또는 일부를 혼합한 주식으로 한다.

제9조(이익배당, 의결권 배제 및 주식의 전환에 관한 종류 주식)

① 당 회사는 이익배당, 의결권 배제 및 주식의 전환에 관한 종류주식(이하 이 조에서 "종류주식"이라 한다.)을 발행할 수 있다.
② 제5조의 발행예정주식총수 중 종류주식의 발행한도는 250만 주로 한다.
③ 종류주식에 대하여는 우선배당한다. 종류주식에 대한 우선배당은 1주의 금액을 기준으로 이사회가 정한 배당률에 따라 현금으로 지급한다.
④ 종류주식의 주주에게는 종류주식에 대하여 제3항에 따른 배당을 하지 아니한다는 결의가 있는 총회의 다음 총회부터 그 우선적배당을 한다는 결의가 있는 총회의 종료시까지는 의결권이 있다.
⑤ 종류주식에 대한 기타의 사항은 상법에서 정하는 바에 따른다.

제10조(주권의 종류)

당 회사가 발행할 주권의 종류는 1주권, 5주권, 10주권, 50주권, 100주권, 500주권, 1,000주권, 10,000주권의 팔종으로 한다.

제11조(신주인수권)

① 당 회사의 주주는 신주발행에 있어서 그가 소유한 주식수에 비례하여 신주의 배정을 받을 권리를 가진다.

② 제1항의 규정에 불구하고 다음 각 호의 어느 하나에 해당하는 경우 이사회의 결의로 주주 외의 자에게 신주를 배정할 수 있다.

  1. 발행주식총수의 100분의 20 범위 내에서 우리사주조합원에게 신주를 우선 배정하는 경우
  2. 상법 제542조의3에 따른 주식매수선택권의 행사로 인하여 신주를 발행하는 경우
  3. 발행주식총수의 100분의 20을 초과하지 않는 범위 내에서 회사가 경영상 필요로 외국인투자촉진법에 의한 외국인 투자를 위하여 신주를 발행하는 경우
  4. 발행주식총수의 100분의 30을 초과하지 않는 범위 내에서 긴급한 자금의 조달을 위하여 국내외 금융기관 또는 기관투자자에게 신주를 발행하는 경우
  5. 발행주식총수의 100분의 50을 초과하지 않는 범위 내에서 사업상 중요한 기술도입, 연구개발, 생산·판매·자본제휴 및 재무구조의 개선 등 회사의 경영상 목적을 달성하기 위하여 신주를 발행하는 경우
  6. 근로복지기본법 제39조의 규정에 의한 우리사주매수선택권의 행사로 인하여 신주를 발행하는 경우

③ 제2항 각 호 중 어느 하나의 규정에 의해 신주를 발행할 경우 발행할 주식의 종류와 수 및 발행가격 등은 이사회의 결의로 정한다.

④ 주주가 신주인수권을 포기 또는 상실하거나 신주배정에서 단수주가 발생하는 경우에 그 처리방법은 이사회의 결의로 정한다.

제12조(신주의 배당기산일)

회사가 유상증자, 무상증자 및 주식배당에 의하여 신주를 발행하는 경우 신주에 대한 이익의 배당에 관하여는 신주를 발행한 때가 속하는 영업년도의 직전 영업 년도 말에 발행된 것으로 본다.

제13조(자기주식의 취득)

① 회사는 다음의 방법에 따라 자기의 명의와 계산으로 자기의 주식을 취득할 수 있다. 다만, 그 취득가액의 총액은 직전 결산기의 대차대조표상의 순자산액에서 상법 제462조제1항 각 호(자본금의 액 + 그 결산기까지 적립된 자본준비금과 이익준비금의 합계액 + 그 결산기에 적립하여야 할 이익준비금의 액 + 미실현이익)의 금액을 뺀 금액을 초과하지 못한다.

  1. 거래소에서 시세(時勢)가 있는 주식의 경우에는 거래소에서 취득하는 방법
  2. 주식의 상환에 관한 종류주식의 경우 외에 각 주주가 가진 주식 수에 따라 균등한 조건으로 취득하는 것으로서 회사가 모든 주주에게 자기주식 취득의 통지

또는 공고를 하여 주식을 취득하는 방법
 3. 주식의 상환에 관한 종류주식의 경우 외에 각 주주가 가진 주식 수에 따라 균등한 조건으로 취득하는 것으로서 회사가 모든 주주에게 자기주식 취득의 통지 또는 공고를 하여 주식을 취득하는 방법 또는 「자본시장과 금융투자업에 관한 법률」 제133조부터 제146조까지의 규정에 따른 공개매수의 방법
② 제1항에 따라 자기주식을 취득하려는 경우 회사는 미리 주주총회의 결의로 다음 각 호의 사항을 결정하여야 한다. 다만, 이사회의 결의로 이익배당을 할 수 있다고 정관으로 정하고 있는 경우에는 이사회의 결의로써 주주총회 의 결의를 갈음할 수 있다.
 1. 취득할 수 있는 주식의 종류 및 수
 2. 취득가액의 총액의 한도
 3. 1년을 초과하지 아니하는 범위에서 자기주식을 취득할 수 있는 기간
③ 회사는 해당 영업연도의 결산기에 대차대조표상의 순자산액이 상법 제462조 제1항 각 호(자본금의 액 + 그 결산기까지 적립된 자본준비금과 이익준비금의 합계액 + 그 결산기에 적립하여야 할 이익준비금의 액 + 미실현이익)의 금액의 합계액에 미치지 못할 우려가 있는 경우에는 제1항에 따른 주식의 취득을 하여서는 아니 된다.
④ 기타 자기주식의 취득에 관한 규정은 상법이 정하는 바에 따른다.

제14조(특정목적에 의한 자기주식의 취득)
회사는 다음 각 호의 어느 하나에 해당하는 경우에는 제13조의 규정에 불구하고 자기의 주식을 취득할 수 있다.
 1. 회사의 합병 또는 다른 회사의 영업전부의 양수로 인한 경우
 2. 회사의 권리를 실행함에 있어 그 목적을 달성하기 위하여 필요한 경우
 3. 단주(端株)의 처리를 위하여 필요한 경우
 4. 주주가 주식매수청구권을 행사한 경우

제15조(자기주식의 처분)
회사가 보유하는 자기의 주식을 처분하는 경우에 다음의 사항을 이사회가 결 정한다.
 1. 처분할 주식의 종류와 수
 2. 처분할 주식의 처분가액과 납입기일
 3. 주식을 처분할 상대방 및 처분방법

제16조(주식양도의 제한)
① 본 회사의 주식을 타인에게 양도하는 경우 그 양도에 관하여 이사회의 승인을 받아야 한다.
② 제1항에 따라 이사회의 승인을 얻지 아니한 주식의 양도는 회사에 대하여 효력이 없다.

③ 주식의 양도에 관하여 이사회의 승인을 얻어야 하는 경우에는 주식을 양도하고자 하는 주주는 회사에 대하여 양도의 상대방 및 양도하고자 하는 주식의 종류와 수를 기재한 서면으로 양도의 승인을 청구할 수 있다. 이 경우 회사는 청구가 있는 날부터 1월 이내에 주주에게 그 승인여부를 서면으로 통지하여야 한다.

④ 기타 주식양도의 제한과 관련한 사항은 상법이 정하는 바에 따른다.

제17조(명의개서대리인)

① 당 회사는 주식의 명의개서대리인을 둘 수 있다.

② 명의개서대리인 및 그 영업소와 대행업무의 범위는 이사회의 결의로 정한다.

③ 당 회사의 주주명부 또는 그 복본을 명의개서대리인의 사무취급장소에 비치하고 주식의 명의개서, 질권의 등록 또는 말소, 신탁재산의 표시 또는 말소, 주권의 발행, 신고의 접수, 기타 주식에 관한 사무는 명의개서대리인으로 하여금 취급케 한다.

④ 제3항의 사무취급에 관한 절차는 명의개서대리인의 유가증권의 명의개서대행 등에 관한 규정에 따른다.

제18조(주식의 소각)

회사는 이사회의 결의에 의하여 회사가 보유하는 자기주식을 소각할 수 있다.

제19조(주주 등의 주소, 성명 및 인감 또는 서명 등 신고)

① 주주와 등록질권자는 그 성명, 주소 및 인감 또는 서명 등을 명의개서대리인에게 신고하여야 한다.

② 외국에 거주하는 주주와 등록질권자는 대한민국 내에 통지를 받을 장소와 대리인을 정하여 신고하여야 한다.

③ 제1항 및 제2항의 변동이 생긴 경우에도 같다.

제20조(주주명부의 폐쇄 및 기준일)

① 당 회사는 매결산기 최종일의 익일부터 1개월간 주식의 명의개서, 질권의 등록 또는 말소와 신탁재산의 표시 또는 말소를 정지한다.

② 당 회사는 매결산기 최종일의 주주명부에 기재되어 있는 주주를 그 결산기에 관한 정기주주총회에서 권리를 행사할 주주로 한다.

③ 당 회사는 임시주주총회의 소집 기타 필요한 경우 이사회의 결의로 3월을 경과하지 아니하는 일정한 기간을 정하여 권리에 관한 주주명부의 기재변경을 정지하거나 이사회의 결의로 정한 날에 주주명부에 기재되어 있는 주주를 그 권리를 행사할 주주로 할 수 있으며, 이사회가 필요하다고 인정하는 경우에는 주주명부의 기재변경 정지와 기준일의 지정을 함께 할 수 있다. 회사는 이를 2주간 전에 공고하여야 한다.

제3장 사채

제21조(전환사채의 발행)

① 당 회사는 사채의 액면총액이 50억 원을 초과하지 않는 범위 내에서 주주 외의 자에게 전환사채를 발행할 수 있다.

② 제1항의 전환사채에 있어서 이사회는 그 일부에 대하여만 전환권을 부여하는 조건으로도 이를 발행할 수 있다.

③ 전환으로 인하여 발행하는 주식은 보통주식으로 하며, 전환가액 중 주식의 액면금액 또는 그 이상의 가액으로 사채발행 시 이사회가 정한다.

④ 전환을 청구할 수 있는 기간은 당해 사채의 발행일 익일부터 6월이 경과하는 날로부터 그 상환기일의 직전 일까지로 한다. 그러나 위 기간 내에서 이사회의 결의로써 전환청구기간을 조정할 수 있다.

⑤ 전환으로 인하여 발행하는 주식에 대한 이익의 배당과 전환사채에 대한 이자의 지급에 관하여는 상법의 규정을 준용한다.

제22조(신주인수권부사채의 발행)

① 당 회사는 사채의 액면총액이 50억 원을 초과하지 않는 범위 내에서 주주 외의 자에게 신주인수권부사채를 발행할 수 있다.

② 신주인수를 청구할 수 있는 금액은 사채의 액면총액을 초과하지 않는 범위 내에서 이사회가 정한다.

③ 신주인수권의 행사로 발행하는 주식은 보통주식으로 하며, 발행가액은 액면 금액 또는 그 이상의 가액으로 사채발행 시 이사회가 정한다.

④ 신주인수권을 행사할 수 있는 기간은 당해 사채발행일 후 6월이 경과한 날로부터 그 상환기일의 직전 일까지로 한다. 그러나 위 기간 내에서 이사회의 결의로써 신주인수권의 행사기간을 조정할 수 있다.

⑤ 신주인수권의 행사로 인하여 발행하는 주식에 대한 이익의 배당에 관하여는 상법의 규정을 준용한다.

제23조(사채발행의 위임)

이사회는 대표이사에게 사채의 금액 및 종류를 정하여 1년을 초과하지 아니하는 기간 내에 사채를 발행할 것을 위임할 수 있다.

제4장 주주총회

제24조(소집시기)
① 당 회사의 주주총회는 정기주주총회와 임시주주총회로 한다.
② 정기주주총회는 매 사업년도 종료 후 3월 이내에, 임시주주총회는 필요에 따라 소집한다.

제25조(소집권자)
① 주주총회의 소집은 법령에 다른 규정이 있는 경우를 제외하고는 이사회의 결의에 따라 대표이사(사장)가 소집한다.
② 대표이사(사장)의 유고 시에는 상법의 규정을 준용한다.

제26조(소집통지 및 공고)
① 주주총회를 소집할 때에는 그 일시, 장소 및 회의의 목적사항에 관하여 주주총회일의 2주 전(자본금 총액이 10억원 미만인 경우에는 10일 전)에 주주에게 서면으로 통지를 발송하거나 각 주주의 동의를 받아 전자문서로 통지를 발송하여야 한다. 그러나 주주 전원의 동의가 있을 때에는 소집통지 절차를 생략할 수 있으며, 서면에 의한 결의로써 주주총회의 결의를 갈음할 수 있다. 이 경우 결의의 목적사항에 대하여 주주 전원이 서면으로 동의를 한 때에는 서면에 의한 결의가 있는 것으로 본다.
② 당 회사가 제1항의 규정에 의한 소집통지를 함에 있어 회의의 목적사항이 이사 또는 감사의 선임에 관한 사항인 경우에는 이사후보자 또는 감사후보자의 성명, 약력, 추천인 그 밖에 상법 시행령이 정하는 후보자에 관한 사항을 통지 또는 공고하여야 한다.
③ 당 회사가 주주총회의 소집통지를 하는 경우에는 상법에서 정하는 사항을 통지 또는 공고하여야 한다. 다만, 그 사항을 회사의 인터넷 홈페이지에 게재하고, 회사의 본·지점, 명의개서 대행회사에 비치하는 경우에는 그러하지 아니하다.

제27조(소집지)
주주총회는 본점소재지에서 개최하되 필요에 따라 이의 인접지역에서도 개최할 수 있다.

제28조(의장)
① 주주총회의 의장은 대표이사(사장)로 한다.
② 대표이사(사장) 유고 시에는 상법의 규정을 준용한다.

제29조(의장의 질서유지권)

① 주주총회의 의장은 그 주주총회에서 고의로 의사진행을 방해하기 위한 언행을 하거나 질서를 문란케 하는 자에 대하여 그 발언의 정지, 취소 또는 퇴장을 명할 수 있으며 그 명을 받은 자는 이에 응하여야 한다.

② 주주총회의 의장은 의사진행의 원활을 기하기 위하여 필요하다고 인정할 때에는 주주의 발언의 시간 및 회수를 제한할 수 있다.

제30조(주주의 의결권)

각 주주의 의결권은 법령에 따른 규정이 있는 경우 외에는 소유주식 1주마다 1개로 한다.

제31조(상호주에 대한 의결권 제한)

당 회사, 모회사 및 자회사 또는 자회사가 다른 회사의 발행주식총수의 10분의 1을 초과하는 주식을 가지고 있는 경우 그 다른 회사가 가지고 있는 이 회사의 주식은 의결권이 없다.

제32조(의결권의 불통일행사)

① 2이상의 의결권을 가지고 있는 주주가 의결권의 불통일행사를 하고자 할 때에는 회의일 3일 전에 회사에 대하여 서면 또는 전자문서로 그 뜻과 이유를 통지하여야 한다.

② 회사는 주주의 의결권의 불통일행사를 거부할 수 있다. 그러나 주주가 주식의 신탁을 인수하였거나 기타 타인을 위하여 주식을 가지고 있는 경우에는 그러하지 아니하다.

제33조(의결권의 대리행사)

① 주주는 대리인으로 하여금 그 의결권을 행사하게 할 수 있다.

② 제1항의 대리인은 주주총회 개시 전에 그 대리권을 증명하는 서면(위임장)을 제출하여야 한다.

제34조(주주총회의 결의방법)

주주총회의 결의는 법령에 다른 정함이 있는 경우를 제외하고는 출석한 주주의 의결권의 과반수로 하되 발행주식총수의 4분의 1이상의 수로 하여야 한다.

제35조(주주총회의 의사록)

주주총회의 의사는 그 경과의 요령과 결과를 의사록에 기재하고 의장과 출석한 이사가 기명날인 또는 서명을 하여 본점과 지점에 비치한다.

제5장 이사·이사회·감사

제36조(이사 및 감사의 수)
① 당 회사의 이사는 3명 이상 7명 이내로 한다. 다만, 상법상의 예외규정에 해당하는 경우에는 그러하지 아니하다.
② 당 회사의 감사는 1명 이상 3명 이내로 한다. 다만, 상법상의 예외규정에 해당하는 경우에는 그러하지 아니하다.

제37조(이사 및 감사의 선임)
① 이사와 감사는 주주총회에서 선임한다. 이사와 감사의 선임을 위한 의안은 구분하여 의결하여야 한다.
② 이사와 감사의 선임은 출석한 주주의 의결권의 과반수로 하되 발행주식총수의 4분의 1이상의 수로 하여야 한다. 그러나 감사의 선임에는 의결권을 행사할 주주의 본인과 그 특수관계인, 본인 또는 그 특수관계인의 계산으로 주식을 보유하는 자, 본인 또는 그 특수관계인에게 의결권을 위임한 자가 소유하는 의결권 있는 주식의 합계가 의결권 있는 발행주식총수의 100분의 3을 초과하는 경우 그 주주는 그 초과하는 주식에 관하여 의결권을 행사하지 못한다.
③ 2인 이상의 이사를 선임하는 경우에도 상법에서 규정하는 집중투표제를 적용하지 아니한다.

제38조(이사 및 감사의 임기)
① 이사의 임기는 3년으로 한다. 그러나 그 임기가 최종의 결산기 종료 후 당해 결산기에 관한 정기주주총회 전에 만료될 경우에는 그 총회의 종결시까지 그 임기를 연장한다.
② 감사의 임기는 취임 후 3년 내의 최종의 결산기에 관한 정기주주총회 종결 시까지로 한다.

제39조(이사 및 감사의 보선)
이사 또는 감사 중 결원이 생긴 때에는 주주총회에서 이를 선임한다. 그러나 이 정관에서 정하는 인원수를 결하지 아니하고 업무 수행상 지장이 없는 경우에는 그러하지 아니한다.

제40조(대표이사 등의 선임)
당 회사는 이사회 결의로 대표이사(사장) 1명을 선임하며, 부사장, 전무이사 및 상무이사 약간 명을 선임할 수 있다.

제41조(이사의 직무)

① 대표이사(사장)는 회사를 대표하고 업무를 총괄한다.

② 부사장, 전무이사, 상무이사 및 이사는 사장을 보좌하고 이사회에서 정하는 바에 따라 그 소관업무를 담당수행하며 대표이사(사장)의 유고 시에는 위 순서로 그 직무를 대행한다.

제42조(이사의 의무)

① 이사는 법령과 정관의 규정에 따라 회사를 위하여 그 직무를 충실하게 수행하여야 한다.

② 이사는 선량한 관리자의 주의로서 회사를 위하여 그 직무를 수행하여야 한다.

③ 이사는 재임 중뿐만 아니라 퇴임 후에도 직무상 지득한 회사의 영업상 비밀을 누설하여서는 아니 된다.

④ 이사는 회사에 현저하게 손해를 미칠 염려가 있는 사실을 발견한 때에는 즉시 감사에게 이를 보고하여야 한다.

제43조(이사의 책임경감)

상법 제399조에 따른 이사의 책임을 이사가 그 행위를 한 날 이전 최근 1년간의 보수액(상여금과 주식매수선택권의 행사로 인한 이익 등을 포함한다)의 6배(사외이사는 3배)를 초과하는 금액에 대하여 면제한다. 다만, 이사가 고의 또는 중대한 과실로 손해를 발생시킨 경우에는 그러하지 아니한다.

제44조(감사의 직무 등)

① 감사는 당 회사의 회계와 업무를 감사한다.

② 감사는 회의의 목적사항과 소집의 이유를 기재한 서면을 이사회에 제출하여 임시주주총회의 소집을 청구할 수 있다.

③ 감사는 그 직무를 수행하기 위하여 필요한 때에는 자회사에 대하여 영업의 보고를 요구할 수 있다. 이 경우 자회사가 지체없이 보고를 하지 아니할 때 또는 그 보고의 내용을 확인할 필요가 있는 때에는 자회사의 업무와 재산 상태를 조사할 수 있다.

④ 감사는 회사의 비용으로 전문가의 도움을 구할 수 있다.

⑤ 감사는 필요하면 회의의 목적사항과 소집이유를 적은 서면을 이사(소집권자가 있는 경우에는 소집권자)에게 제출하여 이사회 소집을 청구할 수 있다.

⑥ 제5항의 청구를 하였는데도 이사가 지체 없이 이사회를 소집하지 아니하면 그 청구한 감사가 이사회를 소집할 수 있다.

제45조(감사의 감사록)

감사는 감사의 실시요령과 그 결과를 감사록에 기재하고 그 감사를 실시한 감사가 기명날인 또는 서명을 하여야 한다.

제46조(이사회의 구성과 소집)
① 이사회는 이사로 구성하며 회사 업무의 중요사항을 결의한다.
② 이사회는 대표이사(사장) 또는 이사회에서 따로 정한 이사가 있을 때에는 그 이사가
   회의일을 정하여 늦어도 3일 전에 각 이사 및 감사에게 문서 또는 구두로 통지하여 소
   집한다. 그러나 이사 및 감사 전원의 동의가 있을 때에는 소집절차를 생략할 수 있다.
③ 제2항의 규정에 의하여 소집권자로 지정되지 않은 다른 이사는 소집권자인 이사에게
   이사회 소집을 요구할 수 있다. 소집권자인 이사가 정당한 이유 없이 이사회 소집을
   거절하는 경우에는 다른 이사가 이사회를 소집할 수 있다.

제47조(이사회의 결의방법)
① 이사회의 결의는 법령과 정관에 다른 정함이 있는 경우를 제외하고는 이사 과반수의
   출석과 출석이사의 과반수로 한다.
② 이사회의 의장은 상법에서 정하는 이사회 소집권자로 한다.
③ 이사회는 이사의 전부 또는 일부가 직접 회의에 출석하지 아니하고 모든 이사가 음성
   을 동시에 송수신하는 원격통신수단에 의하여 결의에 참가하는 것을 허용할 수 있다.
   이 경우 당해 이사는 이사회에 직접 출석한 것으로 본다.
④ 이사회의 결의에 관하여 특별한 이해관계가 있는 자는 의결권을 행사하지 못한다.

제48조(이사회의 의사록)
① 이사회의 의사에 관하여는 의사록을 작성하여야 한다.
② 의사록에는 의사의 안건, 경과요령, 그 결과, 반대하는 자와 그 반대이유를 기재하고
   출석한 이사 및 감사가 기명날인 또는 서명하여야 한다.

제49조(이사 및 감사의 보수와 퇴직금)
① 이사와 감사의 보수는 주주총회 또는 이사회 결의로 제정한 회사의 급여지급기준에
   의한다. 이 경우 1인당 연간보수 한도는 10억원으로 한다.
② 이사와 감사의 퇴직금의 지급은 주주총회 결의로 정한 별도의 임원퇴직금 지급규정
   에 의한다.
③ 임기 중 적대적 인수, 합병으로 인하여 해임할 경우 제2항의 퇴직금 외에 퇴직보상액
   으로 각 이사와 감사에게 제2항의 퇴직금의 오십(50)배를 지급한다.
④ 제3항의 조항을 개정 또는 변경할 경우, 그 효력은 개정 또는 변경할 당시에 재임 중
   인 이사와 감사에게는 적용되지 아니한다.

제50조(상담역 및 고문)
당 회사는 이사회의 결의로 상담역 또는 고문 약간 명을 둘 수 있다.

제6장 계산

제51조(사업년도)
당 회사의 사업 년도는 매년 1월 1일부터 12월 31일까지로 한다.

제52조(재무제표 등의 작성 등)
① 대표이사(사장)는 상법 제447조 및 제447조의2의 각 서류를 작성하여 이사회의 승인
을 얻어야 한다.
② 대표이사(사장)는 정기주주총회 회일의 6주간 전에 제1항의 서류를 감사에게 제출하
여야 한다.
③ 감사는 정기주주총회일의 1주전까지 감사보고서를 대표이사(사장)에게 제출하여야
한다.
④ 대표이사(사장)는 제1항의 서류와 감사보고서를 정기주주총회 회일의 1주간 전부터
본점에 5년간, 그 등본을 지점에 3년간 비치하여야 한다.
⑤ 대표이사(사장)는 상법 제447조의 서류를 정기주주총회에 제출하여 승인을 얻어야
하며, 제447조의2의 서류를 정기주주총회에 제출하여 그 내용을 보고하여야 한다.
⑥ 제5항에도 불구하고 회사는 상법 제447조의 각 서류가 법령 및 정관에 따라 회사의
재무상태 및 경영성과를 적정하게 표시하고 있다는 외부감사인의 의견이 있고, 감사
전원의 동의가 있는 경우 상법 제447조의 각 서류를 이사회 결의로 승인할 수 있다.
⑦ 제6항에 따라 승인받은 서류의 내용은 주주총회에 보고하여야 한다.
⑧ 대표이사(사장)는 제5항 또는 제6항의 규정에 의한 승인을 얻은 때에는 지체없이 대
차대조표와 외부감사인의 감사의견을 공고하여야 한다.

제53조(외부감사인의 선임)
회사가 외부 감사인을 선임함에 있어서는 '주식회사의 외부감사에 관한 법률'의 규정에
의한 감사인선임위원회(또는 감사위원회)의 승인을 얻어야 하고, 그 사실을 외부감사인
을 선임한 사업연도 중에 소집되는 정기주주총회에 보고하거나 주주에게 통지 또는 공
고하여야 한다.

제54조(이익금의 처분)
본 회사는 매 사업 년도의 처분 전 이익잉여금을 다음과 같이 처분한다.
  1. 이익준비금

2. 기타의 법정적립금
3. 배당금
4. 임의적립금
5. 기타의 이익 잉여금처분액

제55조(이익배당)

① 이익배당은 금전 또는 금전 외의 재산으로 할 수 있다.

② 이익의 배당을 주식으로 하는 경우 회사가 수종의 주식을 발행한 때에는 주주총회의 결의로 그와 다른 종류의 주식으로도 할 수 있다.

③ 제1항의 배당은 매 결산기말 현재의 주주명부에 기재된 주주 또는 등록된 질권자에게 지급한다.

④ 이익배당은 주주총회의 결의로 정한다.

제56조(중간배당)

① 영업 년도 중 1회에 한하여 이사회의 결의로 일정한 날을 정하여 그날의 주주에 대하여 이익을 배당(이하 이 조에서 "중간배당"이라 한다)을 할 수 있다.

② 중간배당은 직전 결산기의 대차대조표상의 순자산액에서 다음 각 호의 금액을 공제한 액을 한도로 한다.

　1. 직전 결산기의 자본금의 액

　2. 직전 결산기까지 적립된 자본준비금과 이익준비금의 합계액

　3. 직전 결산기의 정기총회에서 이익으로 배당하거나 또는 지급하기로 정한 금액

　4. 중간배당에 따라 당해 결산기에 적립하여야 할 이익준비금

제57조(현물배당)

① 본 회사는 주주에게 배당을 하는 경우 금전(현금)으로 배당하는 것이 원칙이나 주주총회의 결의로 금전외의 재산으로 배당을 할 수 있다.

② 제1항의 현물배당은 주주가 배당을 받는 금액이 1억 원을 초과하는 경우로 한정하며, 주주가 현물배당을 원하지 않는 경우에는 금전의 지급을 회사에 청구할 수 있다. 이 경우 금전의 지급청구는 배당결의일로부터 15일 이내에 하여야 한다.

제58조(배당금지급청구권의 소멸시효)

① 배당금의 지급청구권은 5년간 이를 행사하지 아니하면 소멸시효가 완성한다.

② 제1항의 시효의 완성으로 인한 배당금은 본 회사에 귀속한다.

부   칙

제1조(세칙제정)

당 회사는 필요에 따라 이사회의 결의로서 업무추진 및 경영상 필요한 세칙을 제정 시행
할 수 있다.

제2조(상용범위)

당 정관에 규정된 사항의 상용범위는 본 정관을 우선하여 적용한다. 다만, 본 정관의 규
정에 불구하고 시행당시의 상법을 우선하여 적용할 수 있다. 이 경우 이사회 결의로써
상법을 우선 적용하는 이유를 결의하여야 한다. 또한 당 정관에 규정되지 않은 사항은
상법 기타 법령에 의한다.

제3조(시행일)

당 개정 정관은 20 년 월 일부터 그 효력을 발생한다.

20 년   월   일

_____ 주식회사

100억짜리 행동력을 키울 수 있는 트레이닝 방법

운명을 바꾸는 행동의 힘

유선국 지음 | 14,000원

여전히 생각 속에서만 살고 있으신가요?
지금 당신의 마음속에 잠재된 거인을 깨워드립니다!

도전에 앞서 두려움을 이기는 방법은 단연 행동하는 것이다. 저자는 그렇게 10개가 넘는 사업을 하며 성공과 실패를 거듭했지만 포기하지 않고 꿋꿋이 나아가 끝내 자신이 원하는 연 매출 100억 원을 달성했다. 요즘처럼 살아남기 힘든 세상이 없다고 느끼는 우리에게 가장 필요한 건 이 무모해 보일지도 모를 행동의 힘이다. 나를 가장 단단하게 만들어줄 행동의 힘, 그 힘이야말로 꿈은 물론 현실에 맞설 힘과 원하는 만큼의 돈을 가져다줄 것이다. 지금 당장 당신의 바뀔 운명을 위해 행동하라!

수없이 넘어져도 일어설 수 있는 노하우 공개

힘내라 사장

정영순 지음 | 13,800원

성공한 기업의 사장이 되고 싶은가?
실패를 성장의 동력으로 삼고 성장하는 사장이 되는 방법!

우리는 왜 그토록 힘겨운 사장의 자리를 꿈꾸는 걸까? 직원들 월급, 건물 임대료, 경영 유지비 등 매일 매출뿐 아니라 수많은 경쟁사와의 마케팅 전쟁까지. 하지만 그럼에도 누군가는 꿋꿋하게 사장의 자리를 지키거나 도전장을 내민다. 저자는 1985년 첫 사업을 시작해 도매시장, 중개사무소, 갈빗집 등 다양한 사장 경험을 거쳐 지금의 자리를 지켜낼 수 있었던 방법을 책에서 소개한다. 대한민국의 모든 사장과 사장이 되고 싶어 하는 이들에게 꼭 필요한 사장의 자리를 지켜내기 위한 노하우와 마음가짐의 총망라!

비즈니스를 좌우하는 진심의 기술

김정희 지음 | 14,500원

소비자 마음을 꿰뚫어 보는 기법

**서울시, 삼성물산, 포스코건설, CNN 등의
빅 이벤트 기획 · 제작 · 연출을 할 수 있었던 비결은?**

서울시, 송도국제업무단지, 삼성물산, 파라다이스그룹, 포스코건설, CNN 등의 빅 이벤트를 맡아 최고의 성과를 낸 저자는 작은 규모임에도 수주율이 높고 국내외 대기업들과 함께 일하며 PT 경쟁에서는 80% 이상의 승률을 자랑한다. 이렇게 할 수 있는 비결은 최고의 팀워크와 효과적인 광고, 뛰어난 기획력도 물론 중요하지만, 그보다 더 기본적으로는 '진심'이 있기 때문이다. 그래야 어느 일을 맡아도 가장 큰 효과를 낼 수 있다고 저자는 강조한다. 작은 것 하나도 허투루 넘기지 않고 섬세하게 사람들의 마음과 현장, 상황을 파악하는 '진심 비즈니스'는 가히 다른 어떤 것보다 효과적인 기술이라고 할 수 있다.

사장 교과서

주상용 지음 | 14,500원

사장이 알아야 할 기본개념 40가지

**사장, 배운 적 있나요?
경영 멘토가 들려주는 사장의 고민에 대한 명쾌한 해법**

중소기업이 시장에서 살아남아 강소기업으로 성장할 수 있는 비결은 어디에 있을까? 대기업과 달리 중소기업의 사장은 대체할 수 없는 리더십이다. 따라서 조직의 성과를 높이고 효율을 증진시키기 위해서는 누구보다 먼저 사장 자신의 효율성이 높아져야 한다. 이 책에서는 기업 CEO들의 생각 친구, 경영 멘토인 저자가 기업을 성장시키는 사장들의 비밀을 알려준다. 창업 후 자신의 한계에 부딪혀 성장통을 겪고 있는 사장, 위기 앞에서 포기하기 직전에 있는 사장, 향후 일 잘하는 사장이 되려고 준비 중인 예비 사장들에게 큰 도움이 될 것이다.